クリティカル・ビジネス・パラダイム

社会運動とビジネスの交わるところ

Critical Business Paradigm

The Intersection of Social Movements and Business

山口周
yamaguchi shu

プレジデント社

クリティカル・ビジネス・パラダイム——社会運動とビジネスの交わるところ

目次

第二章 クリティカル・ビジネスを取り巻くステークホルダー 56

第四章 クリティカル・ビジネス・パラダイムの背景 104

第五章

社会を変革したクリティカル・ビジネスの実践例と多様性

第六章 アクティヴィストのための10の弾丸

第七章 今後のチャレンジ

はじめに

私は、本書を通じて、ある希望に満ちた仮説を皆さんと共有したいと思っています。

その仮説とは、

社会運動・社会批判としての側面を強く持つビジネス＝クリティカル・ビジネスという新しいパラダイムの勃興によって、経済・社会・環境のトリレンマを解決する

というものです。

私は2020年に著した『ビジネスの未来』において、安全・快適・便利な社会をつくるという目的に関して、すでにビジネスは歴史的役割を終えているのではないか？という問いを立てました。原始の時代以来、人類の宿願であった「明日を生きるための基本的な物質的条件の充足」という願いが十全に叶えられた現在、私たちはビジネスという営みに

対して社会的意義を見出せなくなりつつあります。

この問いに対する前著での私の回答は「条件付きのイエス」というものでしたが、その後も、営利企業あるいはビジネスの社会的存在意義に関する議論が沈静化する兆しはなく、世界経済フォーラムをはじめとした会議の場においても、この論点は主要なアジェンダであり続けています。

ここ数年、世界中で盛り上がりを見せている「パーパス」に関する議論も、この「このビジネスに社会的意義はあるのか?」という、素朴だけれども本質的な質問に対して答えることのできなかった人々が引き起こした一種のパニック反応だと考えることもできるでしょう。

私は、本書を通じて、このウンザリさせられる問いに対して、ある仮説としての回答を提唱したいと思います。それが前述した命題、すなわち「社会運動・社会批判としての側面を強く持つビジネス=クリティカル・ビジネスという新たなパラダイムの勃興によってそれは可能だ」という回答です。

さて、あらためて確認すれば社会運動とビジネスはそれぞれ、次のように定義されます。

社会運動……社会の変革や改善を目指し、一定の目標や価値観を共有する人々が組織的に行う活動や運動のこと

ビジネス……顧客のニーズを満たす商品やサービスを提供し、収益を得る目的で行われる経済的な取引や活動のこと

社会運動とビジネスという言葉の組み合わせはそれほど居心地の良いものではありません。両者の組み合わせについては、むしろ「極めて相性の悪いものだ」というイメージを持っている人も少なくないでしょう。

確かに、たとえば1960年代に世界中で盛り上がりを見せた学生運動は、暴走する資本主義と蔓延する商業主義への批判という側面を強く持っていましたし、あるいは近年に目を転じても、2011年に展開された「Occupy Wall Street＝ウォール街を占拠せよ」の運動もまた、ウォール街を拠点とする金融機関を中心とした「Corporate Greed＝貪欲な企業」への批判が主軸でしたから、ビジネスと社会運動を水と油のように考えてしまうのも無理ないことかもしれません。

しかし、商業の歴史を紐解いてみれば、多くの社会変革につながるイニシアチブが、ビ

ジネスの側から始まっていることもまた確認できます。

たとえば勃興する産業革命の中で紡績工場オーナーの資本家として大きな成功を収めたロバート・オウエンは、工場における児童労働を禁止し、就業時間を大幅に短縮させた上で、労働者に教育を施すための学校を設け、生活を安定させるための協同組合まで発足させています。

もともと、資本家の利益と労働者の福祉は対立するものだと考えられていたわけですが、オウエンの工場が商業的にも成功したことから、両者はトレードオフではなく、むしろポジティブな相乗効果があることが確認され、それがやがて英国その他の政府による労働法、社会福祉制度、教育制度の整備へとつながっていったのです。今日、私たちの社会において当たり前のように施されている福祉政策の多くは、政府よりもむしろ、企業側によるイニシアチブによって有効性が確認され、しかる後に行政によってルール化されたという経緯があります。

そして、あらためて現在に目を転じてみれば、今日の社会において、大きな存在感を放ち、優秀な人材を惹きつけ、顧客と長期的なエンゲージメントを形成するのに成功している企業の多くが、単に利益を追求するだけでなく、何らかの社会運動・社会批評としての側面を強く持っていることにも気づかされます。

この点については後ほど、あらためて取り上げますが、彼らが掲げているビジョンには、従来のビジネスで重視されていた顧客や市場という概念が含まれていません。彼らのビジネスは、顧客の欲求や要望ではなく、社会の課題、他者への共感によって駆動されているのです。

本書では、そのような社会運動・社会批判としての側面を強く持つビジネスをクリティカル・ビジネスというパラダイムで整理し、その内容の多様性・時代背景と構造・実践のためのカギについて述べていきます。

クリティカル・ビジネス・パラダイムとは？

では、あらためて、クリティカル・ビジネス・パラダイムとはどのようなものなのでしょうか？　詳しくは本書をお読みいただきたいのですが、ここで頭出しをしておけば、

WHAT＝クリティカル・ビジネス・パラダイムとは何か？

答え：社会運動・社会批評としての側面を強く持つビジネスのこと

ＷＨＹ＝なぜクリティカル・ビジネス・パラダイムが求められるのか？
答え：従来のアファーマティブ・ビジネス・パラダイムでは競争優位も持続可能性も保てないから

ＨＯＷ＝どのようにクリティカル・ビジネス・パラダイムを実践できるのか？
答え：哲学的・批判的な考察によって新たなアジェンダを生成し、アジェンダに共感して集まったアクティヴィストと協働することで

ということになります。

要するに、本書は「社会運動・社会批判としての側面を強く持つビジネス＝クリティカル・ビジネス」を理解・実践する上でのガイドブックということになります。そして、筆者である私としては、この本の執筆・出版自体を「社会運動・社会批判としての側面を強く持つビジネス」の実践と捉えています。

後ほど詳しく説明しますが、クリティカル・ビジネス・パラダイムにおいて、顧客は、従来のビジネス・パラダイムにおける位置付けとは異なり、社会運動に参加する同志＝アクティヴィストという側面を持つことになります。私としては、本書にとっての顧客……

つまり読者の皆さんに「クリティカル・ビジネス・パラダイムの拡散」というゲリラ戦を私と一緒に戦うアクティヴィストになっていただきたいのです。

第二次世界大戦中、ナチスドイツの支配下にあったパリのレジスタンスによる抵抗運動を支援するため、連合軍は極めて簡素な銃＝FP45、通称「リベレーター」を大量に製造し、百万丁以上を空からばら撒きました。この銃は強力な45口径の弾丸を用いていましたが、単発で連射できなかったため、実際の戦闘ではあまり役に立たなかったのではないか、と述べる銃器の専門家もいます。実につまらない指摘をするものですね。この銃が実際の戦闘で役に立つかどうかなど、元から作り手さえ気にしていなかったでしょう。重要なのは「このような理不尽に対して抵抗しようとしているのは君だけではない」というメッセージが、孤独な抵抗運動を強いられているレジスタンスたちに届いたということです。リベレーターは、言うなれば銃という物をかたどった世界からのエールなのです。

筆者もまた、本書を通じて同じことをやりたいと思います。クリティカル・ビジネス・パラダイムを実践するためのガイドブックである本書を世界にばら撒くことで、矛盾と不条理に満ちた資本主義のシステムをハックし、システムの内部にとどまりながら批判的な眼差しで社会を見据え、クリティカル・ビジネスを実践する仲間＝アクティヴィストが一人でも増えてくれるのであれば、筆者としてはそれ以上に幸福なことはありません。

第一章　クリティカル・ビジネス・パラダイムとは？

いったい、何が起きているのか？

２０２３年５月下旬のある日、私はオランダの首都、アムステルダムを訪れていました。オランダからデンマークへと巡りながら、欧州の中でもひときわ先進的なサステナビリティに関する取り組みを推進する企業のリーダーたちとの対話を通じて「ビジネスの未来」について考える、というのがツアーの目的です。

ツアーで訪問するリサーチ対象の候補となった会社の一つに、２０１３年にアムステルダムで創業されたスマートフォンのスタートアップ、フェアフォンがあります。現在、日本ではサービス展開をしていませんが、欧州では着実にファン層を形成し、市場において一定の存在感を示すまでに成長しています。

言うまでもなく、スマートフォンは、アップルやサムスンといった強大な企業がしのぎを削る非常に競争の激しい市場です。そのような市場に、資金力でもブランド力でも技術力でも劣るスタートアップが参入し、10年のあいだ生き残る……どころか一定の存在感を示すまでに成長しているのです。(1)

彼らはどのような価値を提供することで、この競争の激しい市場において、一角を占めることができたのでしょうか？

フェアフォンが市場に提示しているのは「ライフサイクルを長期化することで資源・環境に関する負荷を低減する」というビジョンです。具体的に、既存のスマートフォン・メーカーとの主な違いは次のような点になります。

サステナブルな設計

モジュラーデザインを採用し、ユーザー自身が部品を容易に交換・アップグレード

(1) ヨーロッパでのフェアフォンの市場シェアははっきりしませんが、フェアフォンは2013年の創業以来、40万台以上のデバイスを販売しています。

できるように設計することで、製品のライフサイクルを延ばし、廃棄物の削減に貢献する

リペアラビリティ（修理しやすさ）

既存の多くのスマートフォンが接着剤の使用や構造の複雑性等の理由によって修理が事実上不可能なものがほとんどである中、ユーザー自身によって容易に修理できるようにする

透明性

部品の原料供給元や製造過程、コスト構造などを公開することで、企業の透明性を高める

サプライチェーンのフェアネス

供給チェーン全体にフェアネスを求める。鉱山労働者の権利を尊重し、紛争地域での資源の採掘を避けるために取り組む

ビジョンとミッション

企業の目的を、単にスマートフォンを売ることではなく、電子製品の生産と消費に関連する社会的・環境的な問題に取り組むことに置く

これらのフェアフォンによる取り組みを並べてみて、奇妙な特徴があることに気づかれたでしょうか？　そうです、これらの取り組みのうち、何一つとして、マーケティングが非常に重視する「顧客便益」の向上につながるものがないのです。「モジュラーデザインの採用」も「ライフサイクルの延長」も「リペアラビリティの向上」も、直接的に顧客に何らかの便益を与えるものではありません。言うなれば、フェアフォンは、既存の競合メーカーに対して、後発として差別的優位になるような顧客便益を、何一つとして提供していないまま、参入に成功したのです。これは驚くべきことです。

もちろん、アップルやサムスンといった大手スマートフォン・メーカーもサステナビリティに関する取り組みを進めてはいますが、フェアフォンとは取り組みの位置付けが異なります。アップルやサムスンにおいて、競争優位の形成は主に、デザイン・技術革新・ブランド・マーケティングの強化によって追求されています。

一方で、フェアフォンの場合、これらのサステナビリティに関する取り組みそのものが、

顧客を惹きつける要因、競合に対する競争優位を生み出す意味を形成しているのです。

品質や機能ではなく、「哲学」が求められている

フェアフォンが、新興のスタートアップであったにもかかわらず、非常に競争の激しい市場において一定の存在感を持つまでに成長できた理由は、製品の品質や機能が優れていたからではなく、彼らが、既存のビジネスの慣習に慣れきってしまっている業界や市場に対して、彼ら自身の哲学に基づいて批判的＝クリティカルな提言を行ったからです。彼らの批判的提案に共感した人々が、顧客を中心としたステークホルダーとして集まることで、フェアフォンの提案が一種の運動として社会変革のうねりを生み出しているのです。

実際に、フェアフォンの創業者たちは「私たちがやっているのはビジネスというより『修理する権利を取り戻す』という社会運動なのです」とインタビューにおいて答えています。彼らはまさに「社会運動としてのビジネス＝クリティカル・ビジネス」を運営しているのです。

従来、修理を検討しているユーザーが取れる選択肢は「メーカーが認めた公式修理サービス」の一択で、それ以外を利用すると製品に付帯するメーカー保証自体が消えてしまう

のが一般的でした。このような状況下では、メーカーが修理費用を高額に設定できたり、またそうすることで、修理ではなく新製品の買い替えにユーザーを誘導できたりします。結果として、廃棄物は増え、ユーザーは不当な出費を強いられることになります。

多くの人は、このような問題の存在にうすうす気づいてはいたものの、相手が巨大な権力を持つ大企業であることから、「仕方がない」「そういうものだ」と諦め、不本意ながら現状を受け入れていたのですが、そのような状況に対して、フェアフォンは「このような状況はおかしい、修理する権利を取り戻そう」という社会運動をビジネスというフォーマットを用いて始めたわけです。

ビジョンに顧客や市場という概念が含まれていない

フェアフォンの提案には「市場や顧客の欲求・要望に応える」という観点が含まれていません。これは、古典的なマーケティング理論を学んだ人間からすると非常に困惑させられる状況ですが、同様のことはすでに何年も前から起きていました。21世紀に入ってから大きく存在感を高めている会社の掲げるビジョンを並べてみると、ある「奇妙な特徴」があることに気づかされます。

テスラ…………化石燃料に依存する文明のあり方に終止符を打つ
Google …………世界中の情報を整理して誰もがアクセスできるようにする
Patagonia ……地球環境を保全するためにビジネスを営む
アップル………人類を前進させるための知的ツールを提供し、世界に貢献する
Airbnb…………世界中を「自分の居場所」にする

それは、これらの企業が抱えるビジョンやパーパスが非常に独善的で、「顧客」や「市場」という概念に全く触れていない、ということです。

たとえばテスラが創業したのは2003年ですが、彼らは創業当初から「化石燃料に依存する文明のあり方に終止符を打つ」というビジョンを掲げています。しかし、この時点で顧客や市場から「ガソリンエンジンの自動車は嫌だ」「電気で動く自動車が欲しい」といった欲求・要望があったかというと、全く存在していないと言ってもいいほどでした。

多くの人は、ガソリンエンジンの自動車に乗ることが環境に負荷をかけるということはわかっていたわけですが、不本意ながらも「仕方がない」「そういうものだ」と考えて「ガソリンエンジンを使い続ける未来」について、何の疑問も抱いていなかったのです。

話を元に戻せば、つまりテスラは、古典的な経営学の定石よろしく、市場に存在する潜在的あるいは顕在的な顧客の不満・不安・不便を解消することで成長したのではなく、むしろ、誰もが不本意ながらも受け入れていたシステムに対して、全く異なるオルタナティブなあり方を示し、新たな問題を生成することで成長しているのです。

同様のことがGoogleにも言えます。Googleが「世界中の情報を整理して誰もがアクセスできる社会をつくる」と宣言したとき、世界にはすでに多くの検索エンジンが存在していました。そして、多くの人はそれらの検索エンジンに対して、多少の不便を感じることはあっても「まあ、こんなものだろう」と思って使っていたのです。

今日の成功からはなかなか想像し難いことですが、Googleは創業当初に資金調達に非常に苦労した会社で、ベンチャーキャピタルから300回以上も投資を断られています。なぜ、当時の投資家はGoogleへの投資に魅力を感じなかったのでしょうか？

理由は明白です。それは彼らのビジョンに「顧客や市場という概念が含まれていなかったから」です。「世界中の情報を整理して情報格差をなくす」というのは非常に美しい社会ビジョンではありますが、では、それを望んでいる顧客がどの程度いるのか？　繰り返しますが、当時の人々のほとんどは既存の検索エンジンに対して大きな不満を感じていなかったのです。顧客がさしたる不満を抱いていない市場において、しかも複数の検索エンジンがレッドオーシャンの様相でしのぎを削っている中、大型の設備投資を伴う検索エンジン・ビジネスに投資して最後発として新規参入するという意思決定を合理化することは非常に難しかったでしょう。

マーケティング理論では説明がつかない

古典的なマーケティングのセオリーでは、新規事業を策定する際、まずはターゲット顧客を設定し、彼らの「満たされていない欲求」を特定するところからプランニングをスタートすることを定石として教えています。

たとえば1960年代以来、ビジネススクールにおけるマーケティングの定番教科書となっているフィリップ・コトラーの『マーケティング・マネジメント』の最新版（原書16版）をあらためて確認すれば、マーケティング戦略の策定は「ターゲット市場の特定」からスタートし、このターゲット市場は「企業が満たそうとするニーズを持つ顧客」を中心に「同じ欲求を満たそうとする競合企業」との関係で設定される、となっています。(2)

このようなテキストの記述を、先述したテスラやGoogleやアップルやPatagoniaの市場参入の状況に照らし合わせてみれば、彼らがいかに戦略論やマーケティング理論の定石とは異なる思考様式でスタートしているかということがよくわかると思います。何といっても、テスラやGoogleが満たそうとするウォンツやニーズを抱えている顧客は、市場参入時点で存在しなかったのですから。しかし、この定石外れのアプローチで事業をスタートした企業が、今日の社会において大きな存在感を放っているのです。

市場に存在しない問題を生成する

これらの企業が短期間に非常な成長を遂げた理由は一つしかありません。それは、「市場に存在しない大きな問題を、企業の側から生成することに成功したから」です。一般的に、マーケティングやデザイン思考では「市場に存在する問題を見つける」ことがプランニングの初期段階で重視されますが、これらの企業は「新たな問題を発見」したのではなく「新たな問題を生成」したのです。

しかし、ではどのようにして、彼らは市場に新たな問題を生成したのでしょうか。答えは「あたかも哲学者やアーティストのように、社会を批判的＝クリティカルに眺め、考え

（2）フィリップ・コトラー他『マーケティング・マネジメント第16版』丸善出版、54～57頁

ることによって」です。彼らは、それまで誰もが「当たり前だろう」「まあ仕方ないよね」の一言で済ましてきた様々な社会の事象や習慣や常識を批判的に考察し、現状の延長線とは異なる別の社会のあり方を提示することで、市場に新たな問題を生成したのです。

パラダイムの転換が起きている

普遍的・古典的な理論では説明のつかない現象が増えているという状況は「パラダイムの転換」が近いことを示しています。パラダイムシフトという概念を初めて提唱した科学史家のトーマス・クーンは、パラダイムシフトが起きるシークエンスには一定のパターンがあり、特にその初期段階では、それまで普遍的な説明力があると認められていた旧来のパラダイムでは説明のつかない現象やデータが増加する、と指摘しています。

このトーマス・クーンによる指摘を踏まえれば、古典的な経営学やマーケティングのパラダイムでは説明のつかない成功事例の頻出は、いま、私たちの社会において大きなパラダイムシフトが進行している証左と考えることができます。

では、ビジネスにおける古典的なパラダイム……つまり、顧客の既存の価値観にフィットする便益を競合企業よりも効率的に提供することで売上・利益の極大化を図るというパラダイムが転換する先にある、新しいパラダイムとは何なのでしょうか？

それが、本書で提示する「クリティカル・ビジネス・パラダイム」ということになります。クリティカル・ビジネス・パラダイムにおいて、企業の活動は社会運動・社会批評としての側面を強く持つことになります。クリティカル・ビジネスの実践者は、社会で見過ごされている不正義や不均衡を批判し、改善するための行動を起こすことによって価値を創造します。

また、クリティカル・ビジネスのパラダイムにおいては、顧客をはじめとしたステークホルダーの位置付けや役割もまた、従来のパラダイムとは大きく異なることになります。クリティカル・ビジネスのパラダイムにおいては、顧客は欲求を満たす対象ではなく、むしろ批判・啓蒙の対象となり、ステークホルダーは経済取引の対象ではなく、社会運動を一緒に担うアクティヴィストという位置付けになります。

要するに、この新しいパラダイムでは、企業は、従来のパラダイムとは全く異なる価値観、優先順位、思考・行動様式、ステークホルダーの捉え方、プロセス、実行論によって運営されることになる、ということです。

なぜ「クリティカル」なのか？

ここで「クリティカル」という概念についてあらためて考えてみましょう。「クリティカル＝critical」という言葉は「批判的」「危機的」「決定的」といったニュアンスの異なる複数の意味を併せ持ちます。なぜ、このように大きく意味の異なる意味が一つの言葉に乗せられているのでしょう。理由は語源を辿ると見えてきます。

英語の「critical」の語源はギリシア語の「krinein」で、これは「分かれ道」を意味する言葉です。言うまでもなく「分かれ道」は、これから進むべき方向を決める重要な場所です。だからこそ「決定的」であり、選択を誤れば命を落とすかもしれない「危機的」な状況でもあり、そのような状況下で正しく判断、選択するためには「批判的」に考える必要があるのです。

これを逆に言えば「一本道」を歩いているときにはクリティカルである必要性はない、ということでもあります。「一本道」を歩くときに求められるのは、とにかく精力的、効率的に前に進むこと……高度経済成長時代の流行語を使えば「モーレツに進む」ことが求められます。

このような状況下では「一度立ち止まって、自分たちの歩んでいる道が本当に正しいのかを考えるような態度」は行進の歩みを遅らせるものだとして忌避されたでしょう。立ち止まって考える人は皆に遅れをとる、これが「一本道の社会」の特徴です。

しかし、私たちはもはや「これまで歩んできた一本道の延長線上に未来を描くことはできない」ということを理解しています。私たちの社会はまさに「クリティカル・モーメント＝重大な分かれ道において批判的に思考を巡らすべき時期」にきているのです。

従来の世界において、社会のあり方に対して批判的な眼差しを向け、時機に応じた警鐘を鳴らしていたのは主に哲学者やアーティストでした。彼らは、それぞれの生きた時代において、誰もが「当たり前だ」と信じて疑わなかった概念や社会のあり方に対して、批判的眼差しを向け、現状の延長線上にはない未来、誰もがその時点では考えもしなかった未来像を提示してきました。

そしていま、このマインドセットがビジネスに携わる人々にも求められています。なぜなら、誰もが当たり前だと思って疑わなかった社会の状況について、批判的な眼差しを向けて考察するという、もともとは哲学者やアーティストがやっていたことが、クリティカル・ビジネスのイニシアチブをとるリーダーには求められるからです。

クリティカル・ビジネスとアファーマティブ・ビジネスの違い

さらにクリティカル・ビジネス・パラダイムへの理解を深めるため、「クリティカル・ビジネスとは何か？」という問いをひっくり返して「クリティカル・ビジネスとは何でないか？」という問いを立てて考えてみましょう。

取っかかりになるのは「批判的＝クリティカル」の対義語は何か？という論点です。先述した通り、「クリティカル」という言葉には様々な意味があるので、どの意味に注目するかによって対義語は異なりますが、既存の価値観や常識とされてきた概念などに対して「批判的であること」を本書における「クリティカルであること」の中心的な意味であるとすれば、対義語は「肯定的であること」、つまり「アファーマティブ＝Affirmative」ということになります。

したがって「クリティカル・ビジネス」の対義語は「アファーマティブ・ビジネス」ということになります。これは、従来の価値観の延長線上に価値を措定し、顧客の声に耳を傾け、既存のシステムの枠組みの中で考え、実践するビジネス……つまり、私たちがこれまで実践してきたビジネスのほとんどすべてです。

しかし、現在の世界が抱えている問題の多くが、経済活動……なかんずく、企業によって生み出されていることを考えれば、アファーマティブ・ビジネス・パラダイムを継続させることは持続可能ではない、ということは明らかでしょう。具体的に、アファーマティブ・ビジネス・パラダイムがなぜ持続可能ではないのか、という論点については第四章においてあらためて触れたいと思いますが、ここではまず、クリティカル・ビジネス・パラダイムとアファーマティブ・ビジネス・パラダイムの両者のあいだに、どのような違いがあるのかを簡単に頭出ししておきましょう。

原理的な違いを指摘すれば、まずは次の通りとなります。

アファーマティブ・ビジネス・パラダイム

投資家、顧客、取引先、従業員などのステークホルダーの既存の価値観や欲望を肯定的に受け入れ、彼らの利得を最大化させることを通じて自己の企業価値の最大化を目指すビジネス・パラダイム

クリティカル・ビジネス・パラダイム

投資家、顧客、取引先、従業員などのステークホルダーの価値観を批判的に考察し、これまでとは異なるオルタナティブを提案することを通じて社会に価値観のアップ

デートを起こすことを目指すビジネス・パラダイム

両者の違いにおいて決定的なのは、長らく私たちの社会において支配的なパラダイムだった、アファーマティブ・ビジネスのパラダイムにおいて、市場機会が「個人的な欲求・要求に根ざし、個人的に見出されるもの」であるのに対して、クリティカル・ビジネスのパラダイムにおいて、市場機会とは「社会的な要請と共感に根ざし、集合的に紡がれるもの」だという点です。

なぜ「ビジネス」なのか?

ここまで読まれた読者の中には次のように考える人もおられるかもしれません。なるほど、確かにこのような社会において、クリティカルな精神を伴った社会運動は必要であろう。しかし、であれば、それこそ「社会運動・社会批判」を推し進めればいい話であって、なぜ「社会運動・社会批判としての側面を持ったビジネス」を推し進めなければならないのか?と。

この問いに対する私の回答は極めてシンプルです。その理由はビジネスにはとても大きな社会変革の力があるからです。

本書は、近年、とかくネガティブに考えられがちな「ビジネスという営み」に対してポジティブな光を当てていきます。理由は単純でビジネスにはとても大きな社会変革の力があるからです。

私たちの社会はこの150年のあいだに数々の進歩を成し遂げてきました。平均寿命はほぼ倍になり、乳児死亡率は100分の1に低下し、教育の普及が進み、数々の致死的疾病に特効薬が開発され、衣・食・住に関するスタンダードは大幅に改善し、多くの人が基本的な物質的ニーズを満たして生きることができるようになりました。これらの達成の多くが、ビジネスを通じた生産性の改善、イノベーションによって実現していることを決して忘れてはなりません。

ビジネスが持つ潜在力は計り知れません。それは、単なる商品やサービスを提供する手段以上のものとして、私たちの生活や価値観、社会のあり方に大きな影響を与えます。だからこそ、私は、ビジネスの持つこの力を、社会的な課題や問題点の解決に役立てた方が良いと考えるのです。

ビジネスの持つ力について、Patagonia創業者のイヴォン・シュイナードは渋々ながら次のように言っています。


私はビジネスマンをゲス野郎と呼ぶことで知られているので、自分がビジネスマンであると認めるのを恥ずかしく思うこともよくある。しかしその一方で、ビジネスマンが持つスキルの一部は、多くの活動家が学ぶことができるものだと実感している。

——イヴォン・シュイナード『草の根活動家のためのパタゴニアのツール会議』

いいですね。イヴォンのこのコメントには、観念的なイデオロギーに縛られるよりも、「役に立つか、立たないか」を重視する米国流のプラグマティズム哲学の伝統の良い面が表れているように思います。そう、イヴォン・シュイナードの言う通り、確かにビジネスの世界において開発された多くのスキルやコンセプトは社会運動のアクティヴィストにとっても有用でしょう。ビジネスには社会を変えるとてつもない力があります。しかし、それはまた、ビジネスには、社会や世界を「悪い方向に変革する計り知れない力がある」ということでもあるのです。

教養のないビジネスパーソンは「文明にとっての脅威」

エリート経営者の教育機関として名高い米国のアスペン研究所設立のきっかけとなった1949年の国際カンファレンス「ゲーテ生誕200年祭」において、発起人の一人であるシカゴ大学総長（当時）のロバート・ハッチンスは「リーダーに哲学的素養が求められる理由」について次のように述べています。

無教養な専門家は、われわれの文明にとって最大の脅威である。専門化と細分化、職能主義、効率主義、短期利益主義などの飽くなき追求によって失われていく人間の基本的価値を再構築するため、私たちにはいまこそ「教養」が求められる。

社会に大きな影響を与えることになるビジネスを司るリーダーが無教養であることは私たちの文明にとっての「最大の脅威」であるとハッチンスは指摘しています。いまほど、このハッチンスの警鐘が重みを伴って鳴り響く時代はありません。私たちは、ビジネスの持つメフィストフェレス的な側面について、本来はもっと戦慄しなければならないのではないでしょうか。

企業コミュニケーションによって社会は啓発される

たとえば、日本で年間に使われる広告予算は7兆円ほどになります。一方で、政府の広報予算はおよそ100億~200億円程度となっており、桁が二桁ほど違います。これはつまり、企業が行っている広告活動は、政府の広報とは比較にならないほどに、社会に影響を与える力がある、ということです。したがって、企業が行うマーケティング・コミュニケーションの内容如何によって、社会全体が啓発されることもあるでしょうし、一方で愚民化されることもあり得ます。

たとえば、1960年代に米国で展開されたフォルクスワーゲン社による「Think Small」キャンペーンでは「自動車は大きければ大きいほどいい」と考えられていた米国市場において「必要にして最小限であることの良さ」について考えてみよう、というクリティカルで逆説的なマーケティング・コミュニケーションのメッセージを発信し、自動車の肥大化が止まらない社会に小型車が受け入れられる余地を切り拓きました。

そして実際、現在の社会に目を転じれば、ここ20年ほどの環境問題への意識の高まりは、政府によるコミュニケーションよりも、いち早く問題意識を持った企業によるマーケティング・コミュニケーションによる市場の教育が大きく寄与しています。

このように考えていくと、今日の社会ではむしろ、公共メディアによる報道やジャーナリズムよりも、私的な企業によるマーケティング・コミュニケーションこそが、社会変革の大きな役割を担っていると考えるべきなのかもしれません。

米国の言語学者、ノーム・チョムスキーが著書『マニュファクチャリング・コンセント』において指摘したように、もし現在のメディアが、本来の役割である社会批判・政治批判という役割から離れ、大企業と政府の利益を増大させるための広報マシーンになってしまっているのであるとすれば、政治的圧力が空白である情報空間の残りのスペース……つまり企業が私的に自由な発信ができるコミュニケーションの領域こそが、鋭い社会運動・社会批判に関わるメッセージ発信の機能を担わなければならない、ということになります。

このような要請は現実の動きとしてすでに表面化しています。記憶に新しいところでは、旧トランプ政権が理不尽な移民政策を打ち出した際、アップルやPatagoniaは即座にこれを批判するメッセージを発信していますし、パリ協定からの脱会に対してはゴールドマン・サックスやマイクロソフトがこれを批判するメッセージを発信しています。

過去の社会運動においてコミュニケーションは常にクリティカルな役割を果たしてきました。たとえばポーランドの民主化を導いたソリダルノスチ運動では、人々は地下ラジオ局の発信するメッセージを通じて連帯し、したたかな抵抗運動を展開しました。そして今日、テクノロジーの進化によって企業は自らの理念や価値観を社会に向けて発信することが、これまでのどの時代よりも容易にできるようになっています。であるとすれば、ビジネスに携わる人々には、その影響力に相応した見識と教養、つまり「クリティカルであること」が求められることになります。

確かに、ビジネスには大きな社会変革の力があります。社会における問題の解決にこのビジネスの持つ力を活用しない手はありません。だからこそ、社会運動・社会批判としての側面を強く持つビジネス＝クリティカル・ビジネスが求められているのです。

いわゆる「ソーシャル・ビジネス」との違い

ここまで読まれた読者の中には「山口の言うクリティカル・ビジネスというのは要するにソーシャル・ビジネスのことじゃないか。なぜいまさら、混乱するような新しい用語を持ち出してくるんだ」と思われた人もいるかもしれません。これは非常に真っ当な戸惑いだと思いますが、両者には大きな違いが……ある意味では「真逆」と言ってもいいほどの重大な違いがあるということをここで説明しておきたいと思います。

図1　ソーシャル・ビジネスとクリティカル・ビジネスの違い

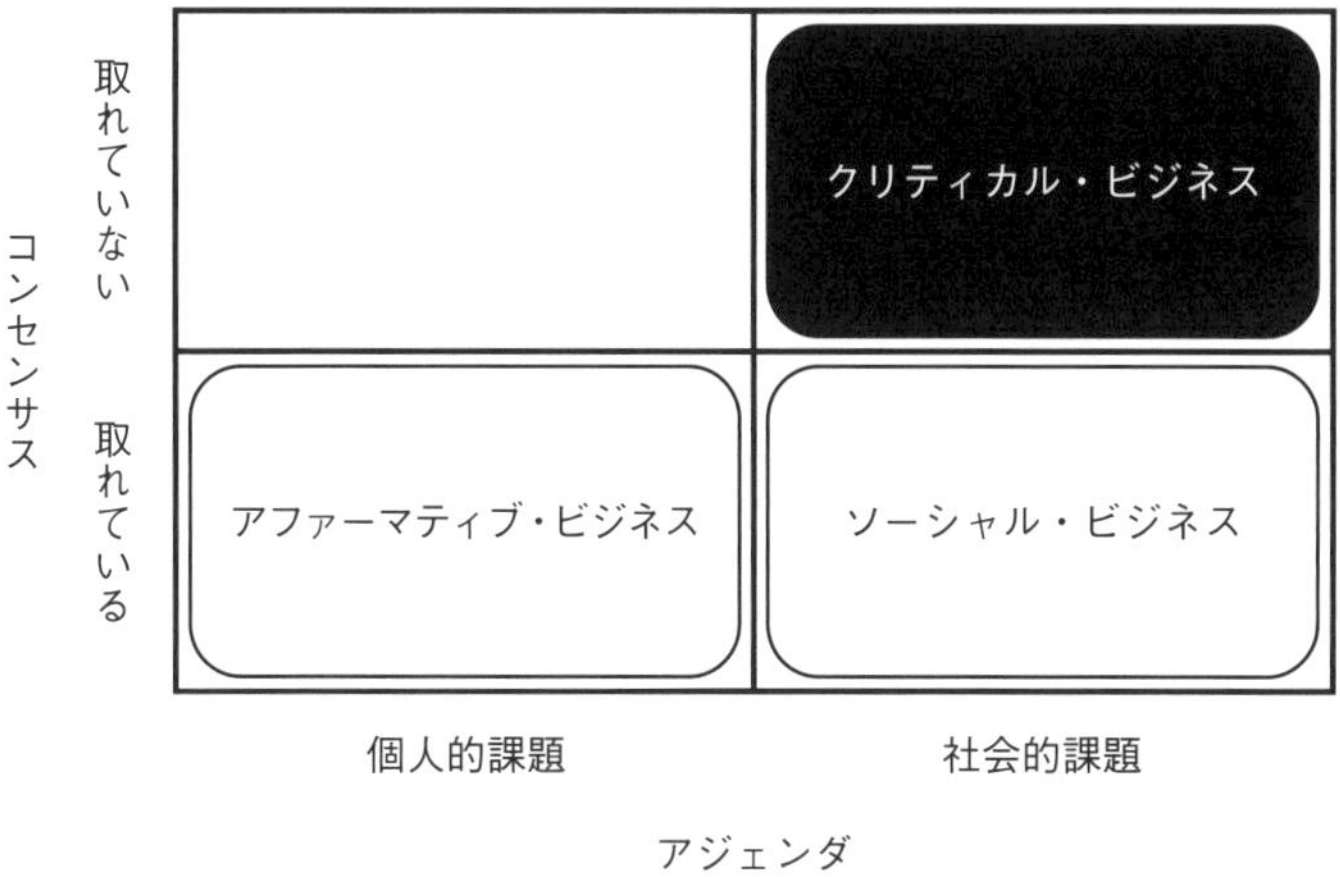

ソーシャル・ビジネスもクリティカル・ビジネスも、何らかの社会的課題をアジェンダとして取り上げ、その解決を目指すという点では同じです。では何が違うのでしょう?

従来のソーシャル・ビジネスが、すでに多数派のコンセンサスが取れたアジェンダに対して取り組むのとは対照的に、クリティカル・ビジネスでは、運動を開始する時点では必ずしも多数派のコンセンサスが取れていないアジェンダについて取り組む、というのが大きな違いです。

この点にこそ、私が本書の副題に「社会運動とビジネスの交わるところ」という副題をつけた理由があります。

社会運動は、ある時点において必ずしも多数派のコンセンサスを取れていない事象について批判的に考察し、社会に向けて問題提起することからスタートします。つまり、社会運動は原理的に必ず「少数派から始まる」ということです。

それまで、多数派の人々には意識されることのなかった問題が、クリティカル・ビジネスのアクティヴィストによって啓発・批判されることで、初めて「言われてみれば確かにそうだ。いままで当たり前だと思っていたけれども、これは見過ごすことのできない問題だ」と感じる人が増え、クリティカル・ビジネスは運動として離陸することができるのです。つまり、「少数派であること」こそがクリティカル・ビジネスの核心をなす要素だということです。

ところが、ここが難しい。というのも、多数派のコンセンサスがいまだ取れていないアジェンダを掲げるのは大きな勇気が必要ですし、さらには、そのようなアジェンダに賛成を表明してフォロワーとして参加することは常に嘲笑・批判・排斥の対象になる危険性を孕むからです。クリティカル・ビジネスを社会が生み出していけるかどうかは、当該ビジネスの運営に求められる知識や能力や資金以前に、まずはその社会を構成する一人一人の「勇気の有無」が問われるのです。

対照的に、すでに多数派のコンセンサスが取れたアジェンダを掲げることは実に安易なことです。現在の私たちの社会で多数派のコンセンサスの取れたアジェンダといえば、まずはＳＤＧｓということになりますが、そもそも多数派のコンセンサスが取れているアジェンダであれば、推進のモーメンタムはすでに生まれているわけで、これを声高に掲げることの意義はそれほど大きくありません。ついでながら言わせてもらえば、そのアジェンダが少数派のものであったときには静観していたくせに、多数派のコンセンサスが取れた途端に後乗りするようにして声高に主張するなどというのは、実にダサい振る舞いだと思います。本当に考えなければならないのは「ＳＤＧｓの17個のアジェンダについては実行あるのみ。ところで、あなたは18番目に何を掲げたいのですか?」ということです。

少数派であることの重要性

ペイパル創業者の一人であり、フェイスブック（現・メタ）などのスタートアップに最初期の投資を行った伝説の起業家・投資家のピーター・ティールは、面接の際によく次のような趣旨の質問をすることで知られています。

世界に関するアジェンダのうち、多くの人は認めていないが、君自身が重要と考えているアジェンダは何か?

いかにも哲学科出身の人物らしいと思わせる質問ですが、前述の理解を踏まえれば質問の真意がよくわかると思います。ピーター・ティールはまさに、多数派のコンセンサスの取れていないアジェンダ、つまり「クリティカル・ビジネスのアジェンダ」について質問しているのです。

なぜ、ピーター・ティールは「少数派であること」を重視するのでしょうか。それが競争優位の形成において非常に重要なポイントだからです。少数派のアジェンダに取り組む、ということは「未開拓の市場に先行者として参入する」ことを意味します。一方で多数派のアジェンダ……ティールの言葉を用いれば「多くの人がすでに認めている」アジェンダに取り組む、ということは「先行者のいる市場に後発として参入する」ということを意味します。

ここで重要な論点は「アジェンダが社会的であるかどうか」ではなく、「そのアジェンダが少数派のものなのかどうか」ということです。だからこそ、私は「ソーシャル・ビジネス」と「クリティカル・ビジネス」を分けて考えるのです。

多数派のコンセンサスの取れたアジェンダに取り組む、ということは「競合過多の市場に後発で参入する」ことを意味します。社会の多数派のコンセンサスが取れたアジェンダは、すでに解決に向けた取り組みが世界のあちこちで進められています。そのアジェンダに対して、後発のハンディをひっくり返せるような画期的でユニークな解決策があるのであればまだしも、ビジネス面からはあまり魅力的なオプションとは言えないでしょう。レッドオーシャンの市場に大した差別的優位性もなく後発で飛び込むというのは戦略として最悪というしかありません。

ブランディングとは「アジェンダの旗取り合戦」

多数派のアジェンダに後乗りするというのはブランディングという観点からも問題があります。というのも、ブランディングとは「アジェンダの旗取り合戦」のことであり、旗を奪っていくのは必ず「最初にそのアジェンダを掲げた人・組織」だからです。

たとえばワークショップやカンファレンスで「電気自動車を作っている会社といえば?」と質問すると、大多数の人が「テスラ」と答えます。今日、電気自動車を作っている自動車会社は数多くありますが、その他の会社の名前が挙がることはあまりありません。

同様に「環境問題に関して意識の高い会社といえば?」と質問すれば、大多数の人が「パタゴニア」と答えます。こちらも同様に、今日、環境問題に取り組んでいる企業は数多くありますが、その他の企業の名前が挙がることはあまりありません。

同様の事実は歴史を振り返っても確認できます。大西洋単独無着陸飛行に最初に成功したのがチャールズ・リンドバーグであることは誰でも知っていますが、二番目に成功した人物がバート・ヒンクラーであることは、彼の飛行が、リンドバーグのそれよりも短時間かつ低燃費であったにもかかわらず、全く知られていません。

同様に、エベレストに最初に登頂したエドモンド・ヒラリー、南極点に最初に到達したロアール・アムンゼン、ペニシリンを発明したアレクサンダー・フレミング、DNAの構造を解明したワトソンとクリックといった人の名前は誰もが知っていますが、二番手としてこれらのアジェンダに関して大きな貢献をした人は、その貢献に見合うような社会的知名度が与えられていません。

社会的成功と順番には著しい非対称性があります。一番手には大きな社会的成功と評価が与えられますが、たとえパフォーマンスが同等か、あるいは場合によってはより優れていたとしても、二番手には極端に見劣りする成功や評価しか与えられないのです。

このような傾向について公正や公平といった観点から是非の問題を云々しても仕方がありません。社会を実際に変革することを目指すアクティヴィストであれば、このような社会の特性をむしろ逆手にとって利用するというプラグマティックなアプローチを考えるべきでしょう。

多数派のアジェンダに後乗りするのは先行企業を育てるのと同じ

そしてさらに、すでにコンセンサスの取れたアジェンダに後乗りして声高に叫ぶということは、自社の資源を浪費して、そのアジェンダを先行して掲げた企業＝アジェンダ・ホルダーの「意味的価値の資産」をどんどん増やしていることに他ならない、ということもここで指摘しておきたいと思います。

今日の世界において「意味的価値」は死活的に重要な問題になっています。米国のS＆P５００企業の時価総額の90％以上はすでに無形資産となっています。一方で日本企業のそれを確認してみると30％程度に過ぎません。１９８９年のバブル最終期において、日本企業は時価総額世界ランキングの上位を独占していましたが、その後凋落し、現在は上位50社のリストにかろうじてトヨタ自動車一社が残存しているのみとなりました。

この差はひとえに、ここ30年のあいだ、無形資産を形成することに日本企業が失敗してきたということですが、その大きな要因の一つとして「クリティカルなアジェンダを最初に掲げることをしてこなかった」ということが挙げられると思います。

今日の日本には、すでに多数派のコンセンサスの取れたソーシャル・アジェンダに取り組んでいることを声高に喧伝している企業がたくさんありますが、それらのコミュニケーションによってリターンを得るのは、声高に喧伝している当の企業以上に、そのアジェンダを最初期に掲げた企業、つまりアジェンダ・ホルダーであるということは意識しておいた方が良いでしょう。こういった企業は、自社の経営資源を使って、競合他社の無形資産をせっせと増やすことに邁進している、ということです。

後述しますが、クリティカル・ビジネスにおける競合企業は、アファーマティブ・ビジネスのそれとは異なり、同じソーシャル・アジェンダの解決を目指す同志という側面がありますから、すでに他社にドミナントポジションを取られたアジェンダの重要性を高めることが全くの無駄だというつもりはありません。

しかし、この点を意識せず、ひたすら多数派のコンセンサスの取れたアジェンダを掲げ続けるのであれば、費やしたコミュニケーションコストに見合うだけの「意味的価値」はバランスシートに計上されず、むしろ「流行のアジェンダにいつも後乗りしているだけの企業」という極めつきに残念なイメージを残すことになるでしょう。

「問題」はどうやって生まれるのか

図2　「問題がない」と「問題がある」の違い

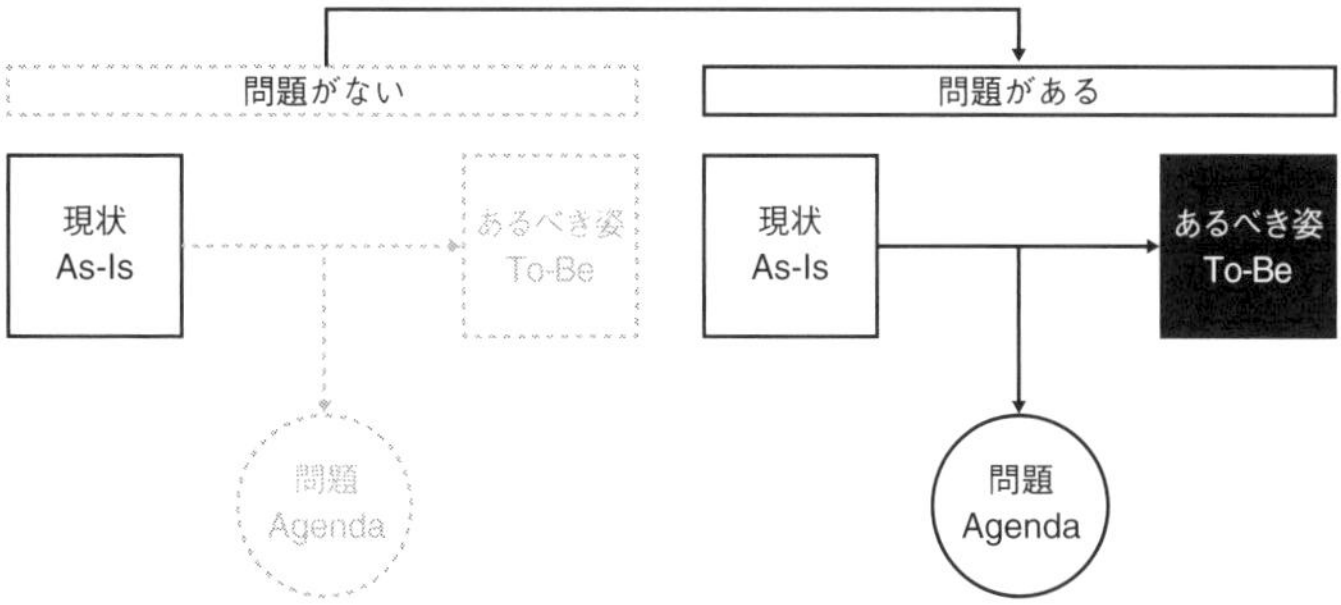

●「あるべき姿」が確定しないため、「問題」も生成できない

●「あるべき姿」と「現状」の差分として「問題」が生成される

先述した通り、それまで社会の多数派からは認められていなかった問題を提起し、多くの人を啓発することでクリティカル・ビジネスは立ち上がることができます。さて、ここからが重要なポイントです。「それまで多数派の人々にとって問題ではなかったものが、問題になる」というのはどういうことなのでしょうか。問題の定義に立ち返って考えてみましょう。

問題とは「あるべき姿と現状のギャップ」として定義されます。ですから「それまで問題でなかったものが問題になる」というのは、現状を「そのようなものだろう」とこれまで受け入れていた人が、ある日、目の前の現状とは異なる「あるべき姿」をイメージするようになったとき、初めて生まれるということなのです。

図2を見てください。「問題がない」状態では、

「現状＝As-Is」に対置される「あるべき姿＝To-Be」が曖昧か、あるいは存在しないため、ギャップを確定することができず、「問題＝Agenda」を生成できません。

一方で「問題がある」状態では、「現状＝As-Is」に対置される「あるべき姿＝To-Be」が明確化されることで、ギャップが確定され、「問題＝Agenda」が生成されます。

両者のあいだで「現状＝As-Is」には変化がないということに注意してください。これはつまり、何を言っているかというと、「問題がない状況」と「問題がある状況」のあいだで、実は「現状」そのものに内実的な相違があるわけではない、ということなのです。ここはよく勘違いされていることですが、非常に重要なポイントなのでしっかりと押さえてください。

なぜデザイン思考はさしたる成果を残すことができなかったのか？

多くの人が考えているのと異なり、実は「問題」というのは「現状」の中に内在しているわけではないのです。ですから、いくらつぶさに「現状」を観察しても、そこに「問題」など発見できるわけがありません。なぜなら「問題」というのは、元からどこかにあって発見されるようなものではなく、私たちが認知的に「新たに生成するもの」だからです。

一時期あれだけ騒がれたデザイン思考が、ブームの熱量に見合うようなインパクトを残すことができなかった理由がこの点にあったと思います。デザイン思考は方法論として、最初のステップに「現場にいってユーザーの抱える問題や課題を実体験する」ことを提唱していますが、このアプローチを採用する限り、把握できるのはユーザー体験に内在する既存の問題だけで、新しい問題を認知的に生成することは原理的にできません。

この点については後ほどあらためて述べますが、資本主義は「市場に存在する大きな問題」から順に解決していくため、「顧客の体験に内在する既存の問題」にしかアドレスすることのできないデザイン思考の枠組みを用いる限り、宿命的に時間を追うごとに「瑣末なアジェンダ」に取り組むことにならざるを得ません。デザイン思考がさしたるインパクトを残すことができなかったのは構造的な原因がある、ということです。

念の為に書き添えておけば、私自身はデザイン思考の提唱するラピッド・プロトタイピングや早期の市場テストといった個別のコンセプトには高い有効性があり、特にオーバープランニングに陥る傾向のある日本企業はこれらを積極的に活用するべきだと思っています。ただ「クリティカルなアジェンダの生成」という観点からすると、ユーザー体験の内部に起点を求めるデザイン思考のアプローチには原理的な限界があった、と思います。

すべての問題は存在しない

私たちの眼の前にある現状が、どんなにネガティブに見えるものであっても、その状況に対置される「あるべき姿」が構想できなければ、そこに問題は存在しません。つまり「我々が認知的に生成しなければ、すべての問題は存在しない」ということです。

このような考え方は奇異に映るかもしれませんが、小説や戯曲には同様の考え方をする人物がしばしば登場します。たとえばヴォルテールの小説『カンディード』に登場する哲学者、パングロスは「世界は常に最善の状態にある」という信条を頑なに守り続けます。パングロスにとって「世界には何の問題もない」のです。なぜなら世界の有り様は神の意思に基づいているため「別の有り様」は考えられないからです。

人が何かをして「問題だ」と宣言するとき、そこには必ず、それを指摘する人が考える「あるべき姿」が前提としてあります。これはつまり「問題」には常に、それを問題だと指摘する人の「実存」が大きく映し出されている、ということです。当初はパングロスを師匠として崇拝していたカンディードですが、やがてその理想主義の不毛さに気づき、袂を分かって「自分の頭」で考えることを始めます。終盤のカンディードのセリフ「耕しましょう、私たちの畑を」という言葉にカンディードの意志と覚悟がよく表れています。

クリティカル・ビジネスのイニシアチブは、必ず新しい問題を提起しますが、この問題は、観察を通じて新たに発見されるようなものではなく、多くの人が当たり前だと思って受け容れていた事象が、批判的に考察され、現状とは異なる「あるべき姿」が提示されることで、はじめて生成されるのです。したがって、クリティカル・ビジネスが立ち上がる過程において、顧客をはじめとしたステークホルダーには、必ず何らかの価値観・世界観の転換が起きることになります。

まとめれば、ソーシャル・ビジネスが、すでにコンセンサスの取れたアジェンダに取り組むのに対して、クリティカル・ビジネスは、必ずしも多数派のコンセンサスが取れていないアジェンダに取り組む、というのが大きな違いです。多くの人が「そういうものだ」「仕方がない」と甘んじて受けている現状に対して批判的な考察を行い、現状とは異なる「あるべき姿」を提示することで、多くの人が共感する「新しい問題」を生成してビジネスを生み出すのがクリティカル・ビジネスなのです。

第二章　クリティカル・ビジネスを取り巻くステークホルダー

クリティカル・ビジネス・パラダイムにおける顧客

ここからはさらに踏み込んで、クリティカル・ビジネスが、従来のアファーマティブ・ビジネスとはどのように異なるのか、ビジネスを構成する個別要素に踏み込んで考察してみましょう。まずは「顧客」からです。

クリティカル・ビジネス・パラダイムにおける顧客の位置付けは、アファーマティブ・ビジネス・パラダイムにおけるそれとは大きく異なります。具体的にどのような点が異なるのでしょう。次の二点が大きな相違点です。

1：クリティカル・ビジネス・パラダイムでは顧客は批判・啓蒙の対象となる
2：クリティカル・ビジネス・パラダイムでは顧客は社会運動のパートナーとなる

順に考察していきましょう。

クリティカル・ビジネス・パラダイムでは顧客は批判・啓蒙の対象となる

一つ目の大きな違いが、アファーマティブ・ビジネス・パラダイムにおいて、全面的な肯定の対象となる顧客が、クリティカル・ビジネス・パラダイムにおいては批判・啓蒙の対象になるということです。

アファーマティブ・ビジネス・パラダイムにおいては、顧客の欲求は全面的な肯定の対象となります。企業間の競争は、顧客の欲求をいかに精密に把握し、それを効果的に充足させられるか、という点にかかっています。マーケティングにおける市場調査の様々なテクニックは、そのような要請のもとに開発、洗練されてきた歴史的経緯があります。

しかし、ここに大きな問題があります。というのも、欲求の水準が低い市場でアファーマティブ・ビジネス・パラダイムを全開で推進すると、欲求の水準はますます低下し、結果的に、ビジネスが生み出す社会問題をさらに拡大、再生産してしまうのです。

これはすでに『ビジネスの未来』においても指摘したことですが、基本的なニーズが満たされた社会において、消費は社会的な地位を他者に見せびらかすための記号という意味を大きく持ちます。そのような社会において「他者に優越したい」という人々の欲求を肯定的に企業が受け入れ、これを満足させるために全力で取り組めば何が起きるか、は容易に想像できるでしょう。

なぜ自動車は「大きく、重く、うるさく」なっているのか

たとえば、自動車の市場であれば「安全で快適で便利に移動する」という基本的なニーズから乖離して、路上において、派手に、他人より経済的・社会的に優位な立場にあることを他者に示したいという欲望によって、とにかく「大きく、重く、うるさく、派手に」ということが求められることになるでしょう。そして実際に、ここ30年ほど、自動車は肥大化の一途を辿っています。本来、エンジニアリングというのは、進化することで「軽く、小さく、静か」になるはずなのですが、ここ数十年間、自動車は全般に真逆の方向、つまり「重く、大きく、うるさく」なっているのです。

もちろん、安全対策に関する規制強化への対応という側面があることは認めます。しかし、もし安全を第一に考えるのであれば「出力を低下させる」「速度を落とす」といったアプローチが真っ先に考えられるわけですが、こちらのアプローチは全くといっていいほど採用されておらず、トレンドはむしろ真逆で最高出力も最高時速も高まるばかりで止まる気配がありません。タテマエの理由はいくらでも出てくると思いますが、ホンネの理由は単純で「そうしないと売れないから」「それを求める顧客がいるから」ということでしょう。

しかし、このような欲求に際限なく対応していくことは、気候変動や資源、あるいは自転車等のサステナブル・モビリティとの都市における共生といったことがすでに大きな問題になっている世界において、もはや受け入れられないのではないでしょうか。

センスの悪い顧客を相手にするとセンスの悪い商品ができる

環境倫理以外に関する問題もあります。たとえば美的センスというのは誰にでも備わっているものではなく、一定の経験と教育と環境を与えなければ育まれないという側面があります。したがって、高い水準の美的センスを持っている人は必ずしも社会における多数派ではありません。

このような社会において、市場の多数派の欲求を精密にスキャンしてそれを商品化するというアファーマティブ・ビジネス・パラダイムを実践すれば何が起きるか？　当たり前の結論として、凡庸な美的感覚しか持たない人たちの美的センスを反映したもので世の中が溢れかえることになります。

この問題について、デザイナーの原研哉は次のように指摘しています。


センスの悪い国で精密なマーケティングをやればセンスの悪い商品が作られ、その国ではよく売れる。センスのいい国でマーケティングを行えば、センスのいい商品が作られ、その国ではよく売れる。商品の流通がグローバルにならなければこれで問題はないが、センスの悪い国にセンスのいい国の商品が入ってきた場合、センスの悪い国の人々は入ってきた商品に触発されて目覚め、よそから来た商品に欲望を抱くだろう。しかしこの逆は起こらない。（中略）ここに大局を見るてがかりがあると僕は思う。つまり問題は、いかに精密にマーケティングを行うかということではない。その企業が対象としている市場の欲望の水準をいかに高水準に保つかということを同時に意識し、ここに戦略を持たないと、グローバルに見てその企業の商品が優位に展開することはない。

――原研哉『デザインのデザイン』

原研哉はここで「市場の欲望の水準をいかに高水準に保つか」という論点を立てています。市場の欲求の水準を肯定的に受け入れて、それにおもねるのではなく、欲求の水準に対して批判的な立場をとりながら、むしろその水準を高めるような批判・啓蒙によって「市場の欲求の水準を教育する」ことが必要だと言っているのです。

結論としてまとめれば、アファーマティブ・ビジネス・パラダイムによって、顧客のルーズなニーズやウォンツに対して適応することを続ければ、やがて社会全体の風景がルーズな方向に引きずられ、それはまた、その市場のグローバルな競争力の喪失にもつながるということです。だからこそ、現在の私たちは、顧客の美的・倫理的感性を引き上げるようなクリティカル・ビジネス・パラダイムを必要としているのです。

私たちの社会は、人々の心身を耗弱させ、地球環境に甚大な負荷をかけながら、日々、膨大な量の物品を世の中に送り出しているわけですが、これらの品々の中に、私たちが本当に「次の世代の人々に是非とも譲り渡していきたい、私たちはこういうものを作ったのだと誇りを持って伝えたい」と思えるようなものを生み出せているのかどうか、クリティカルに考える必要があります。

そのような反省もなく、日々、美意識も倫理観もない大衆の欲求にルーズに適応することで生み出されたこれらの商品が、人々の生活の舞台である社会の風景を織り成し、子供たちがそれらの商品に日常的に触れることで、感性はさらにルーズな方向へと教育され、美的センスの社会的なスタンダードは長期的にズタズタにされることになるでしょう。

「ダメな顧客」を重視すれば世界がダメになる

スペインの思想家、オルテガ・イ・ガセットは、1930年の著書『大衆の反逆』で、新しい「大衆」という社会集団の出現とその特質についての洞察を提供しています。オルテガによれば、この「大衆」は自分の意見や欲求を絶対視し、伝統や貴族的価値観を軽視する傾向があります。

この「大衆」の出現とその行動の背後には、社会の民主化や平等の進展、そしてテクノロジーの発展に伴う生活水準の向上が影響している、とオルテガは指摘します。

今日、あらゆるところを歩きまわり、どこでもその野蛮な精神性を押し付けているこの人物を、人類の歴史に現れた「甘やかされた子供」と呼ぼう。「甘やかされた子供」はただ遺産を相続するしか能がない。ここで、彼らが相続するものは文明である。いろいろな便宜や安全……一言で言えば「文明の恩恵」である。いままで見てきたように、文明がこの世界で作り上げた安逸な生活の中でのみ、あのような諸特徴を持ち、あのような性格をもった人間が生まれるのである。

——オルテガ・イ・ガセット『大衆の反逆』

オルテガは、このような大衆の振る舞いをたとえて「甘やかされた子供」と名付けています。なぜ、大衆は「甘やかされる」のか？　オルテガは「甘やかされた子供」が生まれる理由として「文明がこの世界で作り上げた安逸な生活」を挙げています。市場経済において勝者となることを目指す企業が、顧客の要求や欲求を絶対視し、これに対してアファーマティブに対応することを続けているうちに、顧客はまるで王侯貴族のように「自分たちの要求や欲求は常に満たされて当然だ」と考えるようになります。オルテガが指摘する「大衆」の自己中心的な性質は、このようにして形成されていくことになります。

昨今では、横暴な顧客による理不尽な要求やクレームによって従業員が精神的・肉体的に傷つけられる、いわゆるカスタマー・ハラスメントが世界的に問題になっていますが、こういった「甘やかされた子供」のような傍若無人な顧客は、是非の判断もなく、長いあいだにわたって顧客の要求にかしずくようにして応え続けてきたアファーマティブ・ビジネスによって生み出されている、と考えられます。

美意識も教養もない「甘やかされた子供」

ここでポイントになるのが、オルテガの言う「大衆」はまるで王侯貴族のように振る舞うわけですが、彼らは「振る舞い」が王侯貴族に似ているだけで、その背後には何もない……つまり王侯貴族が持っている教養も審美眼も倫理観も持っていない、という点です。

ノブレス・オブリージュという言葉があります。フランス語で「高貴な地位にあるものの義務」を意味する成句です。高貴な立場にあるものは、その立場によって得られる恩恵や権利と引き換えに、社会的な義務や責任も負わなければならない。そのような矜持がこの言葉には込められているわけですが、「甘やかされた子供」である大衆にはこれがないのです。

そのような無教養で美意識のない大衆からの要求・欲求に無限に応えることによってしか、市場で勝ち残ることができないのであるとすれば、世界の辿り着く先はディストピアでしかありません。

地球環境や気候変動の観点から見れば、大衆の即座の欲望の追求は持続不可能であり、さらには地球の生態系や我々の未来に対する深刻な脅威となっています。オルテガが指摘したように、大衆の無教養な要求に応えることが、結果的に私たちの持続可能な未来を犠牲にしているのです。

顧客の要望に対してクリティカルであるのが本当の「顧客志向」

顧客志向という言葉があります。一般に、この言葉は、顧客の要求や欲求に実直かつ誠実に対応することを意味しますが、しかし本当に、顧客の要求をそのままアファーマティブに受け入れ、対応することが顧客志向と言えるのでしょうか。

確かに、顧客の要求が水準の高いもの、的確なものであるのであれば、その顧客の要求に応えることは顧客志向の実践と言えるかもしれません。しかし、もしその顧客の要求が水準の低いもの、あるいは的外れなものであるとすれば、その顧客の要求をアファーマティブに受け入れて対応することで、顧客の人生のクオリティやパフォーマンスはむしろ低下してしまうでしょう。そのようなケースでは、むしろ顧客の要求をクリティカルに否定し、顧客の要求の水準をアップデートするような教育や啓蒙を行うことが本当の意味での顧客志向ということになります。

志向という言葉はもともと「対象に向かって心を働かせること」を意味します。ですから、もし「顧客志向」という言葉の本来の意味に立ち返るのであれば、その欲求や要求に対応することで、長期的には顧客の状態がより悪化するリスクのあるような要求に、誠実かつ実直に対応することは、むしろ顧客志向の放棄を意味します。見識も常識も持たない「甘やかされた子供」の欲求や要求になにくれとなく応え続ければ、それは当人にとって、さらには社会にとって悲劇と言っていい結果を招くことになるでしょう。

このような点からも、顧客の欲求・要求を肯定的に受け入れて、これを満たしていこうと考えるアファーマティブ・ビジネス・パラダイムの考え方は持続可能ではありません。このような時代にあって、顧客はその要望、欲求を伺って充足させるべき相手ではなく、むしろ消費を含めたライフスタイル全般に関わる思考・行動様式を改めるために批判・啓蒙の対象になるというのがクリティカル・ビジネス・パラダイムの考え方と言えます。

クリティカル・ビジネス・パラダイムでは顧客は社会運動のパートナーとなる

クリティカル・ビジネスによる批判・啓蒙に接してその内容に共感した人々は、次にクリティカル・ビジネスが実践する社会運動のパートナーになります。

先述した通り、アファーマティブ・ビジネスのパラダイムにおいては、顧客は文字通り、企業が提供するサービスや製品を購入する客としてみなされ、彼らの要望にいかに速く、効果的に応えるかが、競争に勝つためのカギとされてきました。つまり、アファーマティブ・ビジネスにおける顧客と企業の関係を主従関係で表せば、顧客が主人であり、企業が従者ということになります。

一方、社会運動・社会批評としての側面を強く持つクリティカル・ビジネスのパラダイムにおいては、顧客は、企業とともに社会的課題の解決を目指すパートナーとしての位置付け、言うなればクリティカル・ビジネスを実践するアクティヴィストと協働するコ・アクティヴィストということになります。

具体的には、クリティカル・ビジネス・パラダイムにおいて、顧客は次の役割・意味を持ちます。

1：価値共有者としての顧客
2：社会変革のパートナーとしての顧客

3：オピニオンやフィードバックの提供者としての顧客

第一に指摘できるのが「価値共有者としての顧客」という側面です。

クリティカル・ビジネスでは、顧客は単なる商品やサービスの購入者というだけでなく、そのビジネスの背後にある価値やメッセージに共感し、これらを共有・発信する存在となります。つまり、顧客自らが発信者となり、クリティカル・ビジネスを実践する企業のブランディングや顧客開拓に協力してくれるわけです。これは、インターネットの普及によって一人一人が社会に向けて情報を発信することができるようになった現在のような社会だからこそ、大きなアドヴァンテージになる要素と言えます。

一方で、アファーマティブ・ビジネスにおいては、顧客は主に商品やサービスの価値や質に関心を持ち、それが価格に見合うかどうかという点に大きな関心を寄せるだけで、わざわざ時間をかけて理念や価値観を発信・共有しようとはしません。

二つ目に指摘できるのが「社会変革のパートナーとしての顧客」という側面です。

自分が共感するアジェンダを掲げるクリティカル・ビジネスを支持することで、顧客は社会的な変革を担う仲間になると感じることができます。彼らは単にサービスや商品を購入するだけでなく、ある種の「運動」や「理念」に参加するという実感を持つのです。これは「生きる目的」が希薄化している先進国の社会において、大きな価値を持つことになります。

言葉を変えて表現すれば、クリティカル・ビジネス・パラダイムにおいて、顧客は、企業が提供するサービスや商品の使用や利用を通じて価値を享受する以上に、その企業がイニシアチブをとる社会運動に参加することによって、自分の人生を意味付けするという価値を自分で生み出すのです。一方、アファーマティブ・ビジネスにおいては、このような感覚は逆に忌避される傾向があります。

三つ目に指摘できるのが「オピニオンやフィードバックの提供者としての顧客」という側面です。

クリティカル・ビジネスのパラダイムにおいて、オピニオンとフィードバックは非常に重要なカギとなります。企業は広範囲にわたる活動をしており、ともすれば、それらの活動の一部が、運動の理念や価値観から逸れたものになってしまうことも起こり得ます。そういったことが起きた際、これをどれだけ迅速に修正できるかは、監視とフィードバックのネットワークの密度によって変わってくることになります。

だからこそ、クリティカル・ビジネスの実践においては、顧客の意見やフィードバックが非常に重要になるのです。一方で、アファーマティブ・ビジネスにおいては、フィードバックバックは商品やサービスの問題を把握するために収集されるだけです。

以上をまとめれば、クリティカル・ビジネスのパラダイムにおいて、顧客は、企業が提供するサービスや商品の単なる消費者ではなく、そのビジネスの社会的な目的や価値を共有し、サポートするパートナーとしての役割を果たすことが期待されます。

クリティカル・ビジネスでは競合企業は社会運動の同志となる

ここから、クリティカル・ビジネスにおける「競合企業」の位置付けについて考察していきましょう。クリティカル・ビジネスにおいては、競合企業の位置付けもまた、アファーマティブ・ビジネスのそれとは大きく異なります。

2023年9月、米国のアウトドアブランド「THE NORTH FACE」は、同じくアウトドアブランドである「Patagonia」の創立50周年を祝う広告を出稿しました。同広告には

Congratulations to Patagonia on your 50 years of exploration
パタゴニアの50年にわたる冒険にお祝い申し上げます

とメッセージが記されています。

THE NORTH FACEが長年掲げる、同社の理念である「Never stop exploration」にかけて、競合企業の創立50周年をお祝いするという、なかなかに粋な計らいです。しかし、なぜ、THE NORTH FACEは、アウトドアブランドという市場においてシェアを争う競合企業であるPatagoniaにお祝いのメッセージを送ったのでしょうか？

一般的に、アファーマティブ・ビジネスのパラダイムにおける企業活動では、競合企業は顧客を奪い合うライバル、打ち倒すべき敵だと考えられています。しかし、社会運動・社会批評としての側面を強く持つクリティカル・ビジネスのパラダイムにおいては、競合企業は必ずしも打ち倒すべき敵ではなく、同じ社会的問題の解決を目指す同志の側面を併せ持つことになります。

具体的には、クリティカル・ビジネスのパラダイムにおいて、競合企業には以下のようなメリットがあると考えられます。

1：問題意識の啓発
2：情報・知識の拡張
3：学習の加速

競合企業を持つことの一つ目のメリットが「問題意識の啓発」です。先述した通り、クリティカル・ビジネスのイニシアチブは、必ずしも多数派のコンセンサスの取れていない問題を取り上げ、この問題についての社会全般の関心を高めることを目指します。通常、このような啓発には膨大な時間と費用がかかるわけですが、仮に、問題意識を同じくする競合企業と連携することができれば、この役割を分担することが可能になり、当該の問題に対する社会全体の認識や関心を、より早期に高めることができるでしょう。

競合企業を持つことの二つ目のメリットとして挙げられるのが「情報・知識の拡張」です。クリティカル・ビジネスのパラダイムにおいては「情報の共有と透明性」は何よりも重視されますが、これはまた同時に、競合企業に対して情報を秘匿し、独占することが難しいということもまた意味します。であれば、アクセルとブレーキを同時に踏むようなことは止め、むしろ積極的に情報を共有することで、より社会問題の解決に大きなインパクトを生み出すことを求める方が合理的でしょう。

最後に、競合企業を持つことの三つ目のメリットとして挙げられるのが「学習の加速」です。クリティカル・ビジネスでは、前例のない課題に対処することを目指すという大前提のゆえに、定石的な戦略やアプローチを採用しません。したがってクリティカル・ビジネスのアクティヴィストは、しばしば、これまでに取り上げられることのなかった問題に対して、これまでに試されたことのなかったアプローチで解決を目指すことになります。つまり「何がうまくいくのか」が常にはっきりしない状況の中で、試行錯誤を繰り返しながら、一番うまくいくアプローチを探し当てなければならないのです。もし、この試行錯誤を一緒にやってくれる競合企業があれば、探索にかかる時間は大幅に短くなるでしょう。

クリティカル・ビジネスは「大木」ではなく「森」を生み出す

クリティカル・ビジネスにおける競合企業の位置付けが、アファーマティブ・ビジネスのそれとは大きく異なる、ということをわかりやすく示している事例を一つ共有しましょう。

1980年代からすでに環境に配慮した洗剤等の日用品を製造していたセブンス・ジェネレーションの創業者の一人にジェフリー・ホレンダーという人物がいます。そのホレンダーは、品揃えをより環境に配慮したものに変えていくというテーマで様々な企業のアドバイザーを無償で引き受けているのですが、その活動の一環として、ウォルマートに対して「自分の会社と競合する環境志向のPB商品を出してみてはどうか？」という提案を行っています。

このような提案は、アファーマティブ・ビジネスのパラダイムに浸りきっている人からしたら信じがたいことだと思われるのではないでしょうか。

ウォルマートは巨大な販売力を持っている流通企業です。そのような会社が、競合するような低価格のPB商品を売り出せば、自社の商品の売上には少なからずネガティブな影響があることが予想されます。

しかし、ホレンダーにとっては、自分の会社であるセブンス・ジェネレーションの売上が低下することよりも、ウォルマートが同様の商品を市場に出すことで社会が啓蒙され、環境志向の商品が浸透することの方がはるかに重要なのです。

この事例は、クリティカル・ビジネスのアクティヴィストにとって、競合企業の位置付けが、アファーマティブ・ビジネスのそれと大きく異なっているということをわかりやすく示しています。

クリティカル・ビジネスのアクティヴィストにとって最も優先されるべきは、それぞれの分野で最大の組織を築き上げることでも、最高の利益を生み出すことでもなく、自分が批判的に捉えている事象について社会変革を起こすことです。

ホレンダーの場合、環境に優しい家庭用洗剤が社会に浸透するという目的を考えた場合、自分の会社であるセブンス・ジェネレーションだけでこれを推進するよりも、はるかに大きな組織であるウォルマートにもこの活動に加わってもらった方が、より早く、より大きなインパクトが出せる、と判断したということです。

私たちは、クリティカル・ビジネスという営みを通じて「森」を生み出すことを目指しているのであって、決して一本の「大木」を砂漠に生やそうとしているのではない、ということを忘れてはなりません。

クリティカル・ビジネスはゼロサム・ゲームではない

アファーマティブ・ビジネス・パラダイムにおいて、基本的に利害の相反する競合企業が、なぜクリティカル・ビジネス・パラダイムにおいては、社会運動を共に進める同志になるのでしょうか？

カギは市場の捉え方にあります。クリティカル・ビジネスは、単に経済的な利益を追求するだけではなく、社会的な変革や価値の実現を目的としています。このため、従来のビジネスモデルでよく見られる「シェアの奪い合い＝ゼロサム・ゲーム」の考え方とは異なるアプローチ、つまり「市場全体を増やす＝プラスサム・ゲーム」を追求します。まさにパラダイムが違うのです。
ここであらためて用語を確認しておけば、

ゼロサム・ゲーム

市場の大きさは一定であり、一方が利益を得れば、もう一方がその分だけ損をするという状況。多くの先進国の成熟市場がこの状況で、一方が売上や利益を増やせば、他方はそれを減らす状況となっている。

プラスサム・ゲーム

市場の大きさは可変であり、市場の拡大によって参加者のすべてが売上や利益を増やせる状況。クリティカル・ビジネスによる啓発や教育を通じて市場やステークホルダーの意識を高めることで、新たな価値やニーズを創出している。

アファーマティブ・ビジネス・パラダイムにおいては、競合企業は、限られた市場のパイを奪い合う競争相手とみなされます。市場の大きさは一定のものとされ、その中で「誰かが得をする」ことが起きれば、必ず同時に「誰かが損をする」ことになる、つまりゼロサム・ゲームを争う相手になります。

一方で、クリティカル・ビジネス・パラダイムは、アップデートされた価値観や欲求に基づく新たな市場の形成を目指します。したがって、クリティカル・ビジネスの市場でビジネスを行うプレイヤーの成長は基本的に「シェアの奪い合い」ではなく「市場全体の成長」によって成し遂げられることになります。

ゼロサム・ゲームはスジの悪い戦い方

これは競争戦略の観点からも合理的と言えます。コンサルティング会社のマッキンゼー&カンパニーが2018年に出したレポートによると、2000年以降に大きく成長した企業の多くは、経営資源を既存の成熟市場・衰退市場から成長市場に大胆に振り替えることに成功した企業であり、同じ市場にとどまりながらシェアを増大させた企業はほとんどないと報告されています。[3] つまり、現在の社会において大きく成長している企業の多くは

（3）https://www.mckinsey.com/capabilities/strategy-and-corporate-finance/our-insights/the-strategy-and-corporate-finance-blog/is-your-strategy-good-enough-to-move-you-up-on-the-power-curve

プラスサム・ゲームを戦っているのであり、ゼロサム・ゲームに勝って成長している企業はごく少数だということです。端的にいえば、ゼロサム・ゲームというのは非常にスジが悪い戦い方なのです。

競争戦略と聞けば、私たちはすぐに「競争相手にどうやって勝つか?」ということばかりを考えてしまいますが、これは現場担当者の論点の立て方で視野狭窄的です。本来、企業が戦わなければならないのは、競合ではなく、利益ゼロの均衡点に向かおうとする経済学的な市場原理の力であり、競合との熾烈な戦いはこの圧力をむしろ増大させ、利益ゼロの均衡点、経済学で言うところの「完全市場」への到達を加速することになります。日本をはじめ、ほとんどすべての先進国において、いわゆる「談合」をはじめ、競合企業との密な連携が規制当局から厳しく監視されているのはなぜだと思いますか? それが「市場の効率性」を歪める上で極めて有効なアプローチだからです。

大きく成長したければ、既存の市場でゼロサム・ゲームに勝つのではなく、新たな市場を創造してプラスサム・ゲームを生み出す方が有効です。そして、市場の開発・成長は、通常、一社で担うよりも複数社で担った方がずっと効果的です。競争戦略論の大家として知られるハーバード大学ビジネス・スクールのマイケル・ポーター教授は、主著である『競争優位の戦略』において、自社の競争優位を形成するために、競合企業がいかに有用かを10ページ以上にわたって力説しています。

したたかなアクティヴィストは競合企業をうまく利用することに長けています。たとえば2014年、テスラは自社が保有する電気自動車に関連する特許を解放する、と発表して業界に衝撃を与えました。CEOのイーロン・マスクはSNSで「All our patent are belong to you＝私たちの特許はすべて皆さんのものです」と宣言し、テスラが保有する電気自動車に関連する特許を「オープンソース」として誰もが利用できるようにしたのです。

このような振る舞いは、アファーマティブ・ビジネス・パラダイムのもとでは考えられない暴挙に思われますが、クリティカル・ビジネス・パラダイムのもとでは極めて合理的なのです。

なぜならテスラが特許を解放し、競合企業がそれを活用することで、化石燃料から電気自動車へのシフトは加速し、社会インフラの整備が進み、業界全体でのイノベーションが推進されるからです。付け加えれば、もちろん、充電インターフェースのフォーマットなど、テスラの採用する技術規格が業界のデファクトスタンダードになることで、テスラにとって有利な方向に市場環境が形成される、という狙いもあったことでしょう。

つまりテスラにとって、競合となる自動車会社は、顧客を取り合うライバルという側面

図3　アファーマティブ・ビジネスとクリティカル・ビジネスの投資家

	アファーマティブ・ビジネスの投資家	クリティカル・ビジネスの投資家
関心事	●主に投資リスクと財務的リターン	●社会的または環境的な価値観と自身の投資の一致
時間軸	●短期的な株価の上昇や四半期ごとの業績向上	●企業と社会が長期にわたり持続可能な成長を遂げること
リターン	●投資リスクと財務リターンのバランスを重要視	●財務的なリターンと同等以上に、事業が社会や環境へもたらすポジティブな影響を重視

以上に、電気自動車の市場開拓を一緒に担う同志の側面を強く持っている、ということです。

クリティカル・ビジネスにおける投資家

クリティカル・ビジネスのパラダイムにおいては、投資家の位置付け・役割もまた、アファーマティブ・ビジネスのそれとは変わってきます。クリティカル・ビジネス・パラダイムにおける投資家と、アファーマティブ・ビジネス・パラダイムのそれとを比較すると図3のような違いがあります。ポイントとなるのは「リターンの定義」と「時間軸の捉え方」の二つです。

一般に、投資家は短期的な経済的利益だけを重視しており、環境や社会へのインパクトは考慮しないと考えられていますが、ことはそう単純ではありません。投資家にも多様性があり、期待するリターンの内容もさまざまです。

シカゴ大学ブース経営大学院教授のルイジ・ジンガレスは、2022年に提出した論文において、社会や環境への問題意識が高い投資家は、経営陣の判断にポジティブな影響を与え、企業がより大きな社会的貢献を果たすように方向転換させるとともに、収益の改善にも貢献していることが明らかになった、と指摘しています(4)。

また、この研究では、これまで信じられてきた社会通念に反して、ほとんどの投資家は、自分たちの影響によって大きな社会的インパクトがもたらされるのであれば、多少は経済的利益を犠牲にしてもかまわない、と考えていることを明らかにしています。

投資家に対する一般的なイメージを踏まえれば、ジンガレスの研究結果を意外だと考える人もおられるでしょう。しかしあらためて考えてみれば、これが投資家の本来あるべき思考様式なのかもしれません。

そもそもからして、株主利益という概念は「ある時点からある時点までの企業価値の増分」として定義されるわけですから、本来は長期的であればあるほど大きくなると考える

(4) https://ssir.org/for_investors_protesting_beats_divesting/?fbclid=IwARIRgLNjS-Ro8BxOcbFPrrXWwBtVnrH9oOjGhTReBzrRfkd9ew9ynhJsO8s

のが合理的であり、「短期の株主利益を追求する」という考え方はロジックとして矛盾しています。だからこそ「投資の神様」と言われるウォーレン・バフェットは投資の基本的な戦略をロングポジションにとっているのだということもできるでしょう。

投資家の期待値をコントロールする

さて、投資家の期待値に多様性があるという事実は「アクティヴィストと投資家のマッチングが非常に重要だ」という洞察を私たちにもたらします。先述した通り、投資家には短期的な経済的リターンのみを求める人もいれば、長期的な社会的・環境的インパクトを重視する投資家もいます。クリティカル・ビジネスの投資家になるのはもちろん後者ですが、ここでボタンをかけちがってしまい、短期的な経済的リターンのみを期待する投資家が、社会的・環境的インパクトを追求するクリティカル・ビジネスの投資家になると、双方にとって悲劇と言っていい状況が発生します。

前述した通り、クリティカル・ビジネスは、社会的なコンセンサスの取れていない少数派のアジェンダを掲げてイニシアチブを立ち上げます。一方で、短期的な経済的リターンを重視する投資家は、往々にして、すでにコンセンサスの取れている儲かりそうな「流行のソーシャルアジェンダ」に取り組むことを経営者に求める傾向が強いのです。このような投資家に初期段階で関わられてしまうと、経営を引っ掻き回され、悲惨なことになります。

このような悲劇を避けるためにカギとなるのが、投資家の期待値をコントロールするためのコミュニケーションです。投資家の注目が集まるタイミングで「私たちは長期的な社会・環境へのインパクトを生み出すことを目指しているのであり、短期的な財務リターンを期待する投資家の期待に応えるつもりはない」と明言するのです。

クリティカル・ビジネスのアクティヴィストには実際にこのような宣言をする人物が少なくありません。たとえば本書で後ほど取り上げるイタリアのカシミアブランド、ブルネロ・クチネリが2012年に株式公開した際、創業経営者のブルネロ・クチネリ氏は「人間中心の資本主義」の重要性を投資家に向けて語りました。

クチネリ氏は「ロマン主義と啓蒙主義」と「人文主義と資本主義」が両立可能であると説明し、ブルネロ・クチネリが「サステナブルで上品な水準の利益」しか追求しないことで、地球や人間性への損傷を最低限にとどめながら事業を推進することをあらためて強調したのです。この際、クチネリ氏は、ビジネスへの哲学的アプローチを象徴するために、IPO式典で、なんとアリストテレスの『ニコマコス倫理学』の冊子を投資家にプレゼントしています。
私自身が最も感銘を受けたのは、クチネリ氏が投資家に向けてしたためた手紙の中で、自社についての説明のみならず、「投資のあり方」についても自身の哲学に基づき、クリティカルな意見を述べているという点です。手紙からの抜粋を引きます。

もしあなた方が人類に危害を与えながら利益を生む企業を見つけたら、それは、買ってはいけない企業です。クラフトマンシップ、クオリティ、独自性を尊重せずに成長することを目指す企業を見つけたら、それは適切な企業ではありません。

上場時において創業経営者の関心は「株価がどれくらいになるか」という点に集中してしまいがちです。そのため、どうしても投資家に対して耳当たりの良い話ばかりに終始してしまうことが多いわけですが、そのような機会……つまり世界中の投資家の耳目が集まるこの機会を千載一遇のタイミングと捉えて、むしろカウンターとなるようなクリティカルなメッセージを発しているのです。
同様のことをGoogleも行っています。Googleが2004年に上場した際、創業経営者のラリー・ペイジとセルゲイ・ブリンは「創業経営者の手紙」と題したメッセージを投資家に送っており、このメッセージの中で「Googleが取り組む多くのプロジェクトは短期的に利益を生まないかもしれないが、長期的に大きな価値を生み出す可能性を追求していることを理解してほしい」と訴えています。梅檀は双葉より芳しというべきか、創業間もないスタートアップ企業としては誠に大胆不敵な宣言です。しかし、二人の創業者が上場のタイミングでこのような宣言をしたからこそ、投資家の期待値がコントロールされ、短期的な利益追求の経営ではなく、実験的で長期的な視点に基づいた経営が可能になったのです。

クリティカル・ビジネス・パラダイムにおける投資家の位置付けや役割は、確かにアファーマティブ・ビジネス・パラダイムのそれとは大きく異なります。しかしこの違いは、成り行きかせに経営していて自然と生まれるのではなく、クリティカル・ビジネスを牽引するリーダーによる主体的な選択と力強い宣言によって初めて生み出されるものだ、ということを忘れてはなりません。

第三章　反抗という社会資源

反抗は社会資源である

第一章、第二章ではクリティカル・ビジネスの概要について説明してきました。第三章では「クリティカル＝批判的であること」はいったいどのような価値をもたらすのか、という論点について考案していきましょう。

先述した通り、クリティカル・ビジネスのパラダイムを実践するアクティヴィストは、誰もが「仕方がないだろう」「こんなものだろう」と思って不本意ながらも受け入れていた現状に対して批判的な考察を行い、現状とは異なる別の有り様を構想し、提案します。

しかし一方で、一般的に「批判的であること」はネガティブな態度と考えられる傾向がありますから、このような態度をもつ人々が、何か価値のある新しいものを本当に生み出せるのか？　といぶかしく思われる向きもあるかもしれません。

これはとても鋭い質問です。たとえば、批評家・社会学者の見田宗介は、20世紀後半にあれだけ真剣かつ壮大に取り組まれた世界中の社会運動が悲惨な結末しか迎えられなかった、その理由の第一として「否定主義＝Negativism」を挙げ、それが「実現されるべき肯定的なものの明確なビジョンよりも、とりあえず打倒！という情念でしかなかった」と指摘しています。[5]つまり「否定＝クリティカルである」だけでは結局、社会は変わらなかった、という指摘です。

確かに、見田宗介の言う通り、何らかの肯定的なビジョンを打ち出すこともなく、ただ否定的、ただ破壊的なだけでは、何も生み出すことはできないでしょう。しかし一方で、これまでの歴史において提案されてきた、現状とは異なる新たな社会ビジョンが構想されるきっかけとなったのが、現状に対する強い違和感であったこともまた確かでしょう。

20世紀の前半から半ばにかけて、世界的に大きな影響力を持った哲学学派の一つである

（5）ちなみに、その他の要素としては「第二に『全体主義』totalitarianism。社会の理想の実現のために特定の政党や指導組織に権力を集中し、思想言論の統制を行うことが必要であるというイデオロギー。第三に『手段主義』instrumentalism。未来にある『目的』のために、現在生きている人々のそれぞれに一回限りの生を手段化する、という感覚である」と指摘している。出所：見田宗介『現代社会はどこに向かうか』

フランクフルト学派の主要メンバーの一人だったヴァルター・ベンヤミンは、その著書『歴史の概念について』において、彼自身が所有していたパウル・クレーの絵に仮託して、歴史と批判精神の関係について、次のように語っています。

天使は顔を過去の方に向けている。私たちの眼には出来事の連鎖が立ち現われてくるところに、天使はただひとつの破局＝カタストローフだけを見る。その破局はひっきりなしに瓦礫のうえに瓦礫を積み重ねて、それを彼の足元に投げつけている。きっと彼は、なろうことならそこにとどまり、死者たちを目覚めさせ、破壊されたものを寄せ集めて繋ぎ合わせたいのだろう。ところが楽園から嵐が吹きつけていて、それが彼の翼にはらまれ、あまりの激しさに天使はもはや翼を閉じることができない。この嵐が彼を、背を向けている未来の方へ引き留めがたく押し流してゆき、その間にも彼の眼前では、瓦礫の山が積み上がって天にも届かんばかりである。私たちが進歩と呼んでいるもの、それがこの嵐なのだ。

——ヴァルター・ベンヤミン『歴史の概念について』

歴史は「前進する」ことで展開するわけではない、歴史は、眼前に展開する光景への嫌悪感や違和感から、いわば「後退する」ことによって展開されていく、というのがベンヤミンの指摘です。

人をワクワクさせるようなビジョンが社会を前に動かす、というのはよく言われることですが、しかし、そのビジョンが生まれるきっかけとなったのは、しばしば、眼前に繰り広げられる光景への強い違和感でした。

反抗が連帯を生み出す

さらに、現状のシステムに対する批判や反抗はまた、人々の連帯を生み出すきっかけともなります。フランスの文学者・哲学者、アルベール・カミュは、著作『反抗的人間』において、反抗という行為が個人の存在を確立し、社会的な変革の原動力になると述べます。

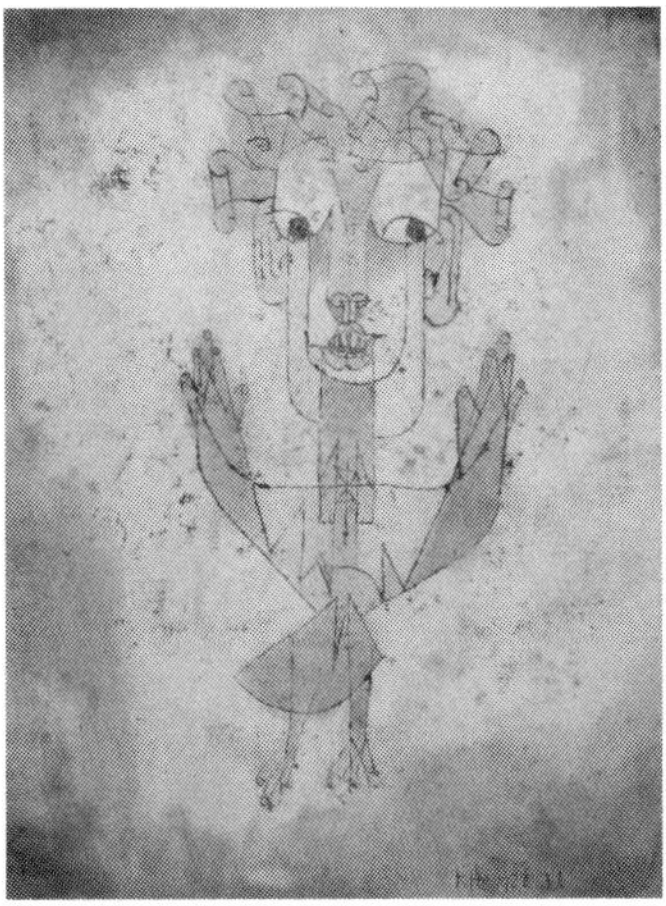

図4　ベンヤミンが所有していたパウル・クレーの「新しい天使」

> 不条理と、世界の明らかな不毛性とが最初から染み込んでいる考察に、反抗的精神がもたらす最初の進歩を認めよう。不条理の体験では、苦悩は個人的なものである。反抗的行動がはじまると、それは集団的であるという意識を持ち、万人の冒険となる。（中略）われわれのものである日々の苦難のなかにあって、反抗は思考の領域における「Cogito＝我思う」と同一の役割を果たす。反抗が第一の明証となるのだ。しかし、この明証は個人を孤独から引き出す。反抗は、すべての人間の上に、最初の価値をきずきささげる共通の場である。われ反抗す、故にわれらあり。
>
> ——アルベール・カミュ『反抗的人間』

最後の言葉がいいですね。「われ反抗す、故にわれらあり」。つまり「私」という孤立した個人が、反抗を通じて「私たち」という連帯を生み出す、ということです。人間は、反抗という行為を通じて、自らの価値観を社会に対して表明し、不正や不平等に対して異議を突きつけます。そのような反抗的行為を通じて、不条理に苦悩していた個人は、同じように苦悩していた個人と連帯することが可能になる、とカミュは言っているのです。これは、実存主義哲学の核となる考え方です。

言うまでもなく、クリティカル・ビジネスは、利益追求のみに注力する従来のビジネスモデルに対して、意識的な反抗を表明する行為です。このような表明の背景には、ビジネスは資本家の利益を増大させるための単なる道具であってはならず、社会的、倫理的な責任を持つべきだという基本的な理念があります。カミュの反抗の概念を借りれば、クリティカル・ビジネスは「不正義や不平等に共犯者にならない」という選択をすることで、社会に対する深い愛情と尊重を表現しているとも言えるでしょう。

反抗は、変革と進歩の触媒です。社会には常に不完全さがあり、その不完全さに対する反抗がなければ、社会は進歩しません。クリティカル・ビジネスを通じて、企業は社会的不正に「ノー」と言い、新しい可能性への扉を開きます。たとえば、環境保護、労働者の権利、公平な貿易などの価値を主張することで、社会全体の意識を高め、より良い方向に導くことができます。

「反抗的であること」は、社会にとって本質的な価値を持ちます。クリティカル・ビジネスはこの反抗的精神を体現し、社会に対して責任を持ち、改善を目指す力となり得ます。カミュの哲学をクリティカル・ビジネスに適用することで、企業は単に経済活動の主体であるだけでなく、社会的正義と倫理を推進するための重要な役割を果たすことができます。反抗は、過去の不正を認め、より良い未来を築くための第一歩なのです。

国ごとで「反抗的な度合い」は異なる

もし、反抗が社会の発展にとって欠くべからざるものであるのであれば、その社会における「クリティカルさの度合い」と社会の有り様には何らかの関係があると考えられます。この問題を考えるにあたって、それぞれの社会における「権威を受け入れる傾向の度合い＝権力格差指標」について考えてみましょう。

オランダの心理学者、ヘールト・ホフステードはＩＢＭからの委託に基づいて「目上の年長者に反論しにくい度合い」を調査し、これを数値化して権力格差指標＝ＰＤＩ（Power Distance Index）と定義しました。ホフステードによれば、権力格差は「それぞれの社会において、権威を持たない立場にある人々が、既存の権威を受け入れ、それに従おうとする程度」と定義されます。権力格差の小さい国では、人々のあいだの不平等は最小限度に抑えられる傾向にあり、権限分散の傾向が強く、部下は上司が意思決定を行う前に相談してくれることを期待し、特権やステータスシンボルは社会に受け入れられません。

一方、権力格差の大きい国では、人々のあいだに社会的不平等があることはむしろ望ましいと考えられており、権力弱者が支配者に依存する傾向が強く、組織や社会では中央集権化が進み、部下は上司に対して反論したり意見したりすることに気後れし、特権やステータスシンボルが身分や経済力を示すシンボルとして社会で機能します。

つまり、本章のコンテキストに合わせて言い換えれば、権力格差というのは「その社会がどれくらい権威に対して反抗的であるか」を指し示す指標なのです。

主要国の権力格差指標を確認してみましょう。日本の数値は54で平均より少し上、同じ東アジアの韓国、台湾、中国よりも低く、アジアの中では権力格差が比較的小さい国と言えます。一方権力格差の小さい国々は、デンマークやスウェーデンといった北欧諸国、スイス、ドイツ、オランダといった西ヨーロッパ諸国、そしてカナダ、アメリカが並びます。

次ページの図5を見て、ある興味深い傾向があることに気づいた人もいるでしょう。そうです、権力格差の高低は、おおむね「その国で主流となっている宗教」によってグルーピングできる傾向があるのです。たとえばアジアを中心とした儒教国は全般に権力格差が高めであることがわかります。儒教という宗教は言うなれば「人間関係に関するルールの集合体」ですが、そのルールの筆頭に来るのが「年長者に逆らってはならない」という規範ですから、儒教の影響が強い国で権力格差が大きくなるのは当然だと言えます。また、ローマ法王を頂点とした明確な位階制度を有するローマ・カトリックの影響が強い地域で権力格差が高くなる傾向があるのも、同様に理解できます。一方で、世界で最も権力格差の小さい国々を眺めてみると、これらの国々がことごとくプロテスタント諸国であること

図5　主要国の権力格差

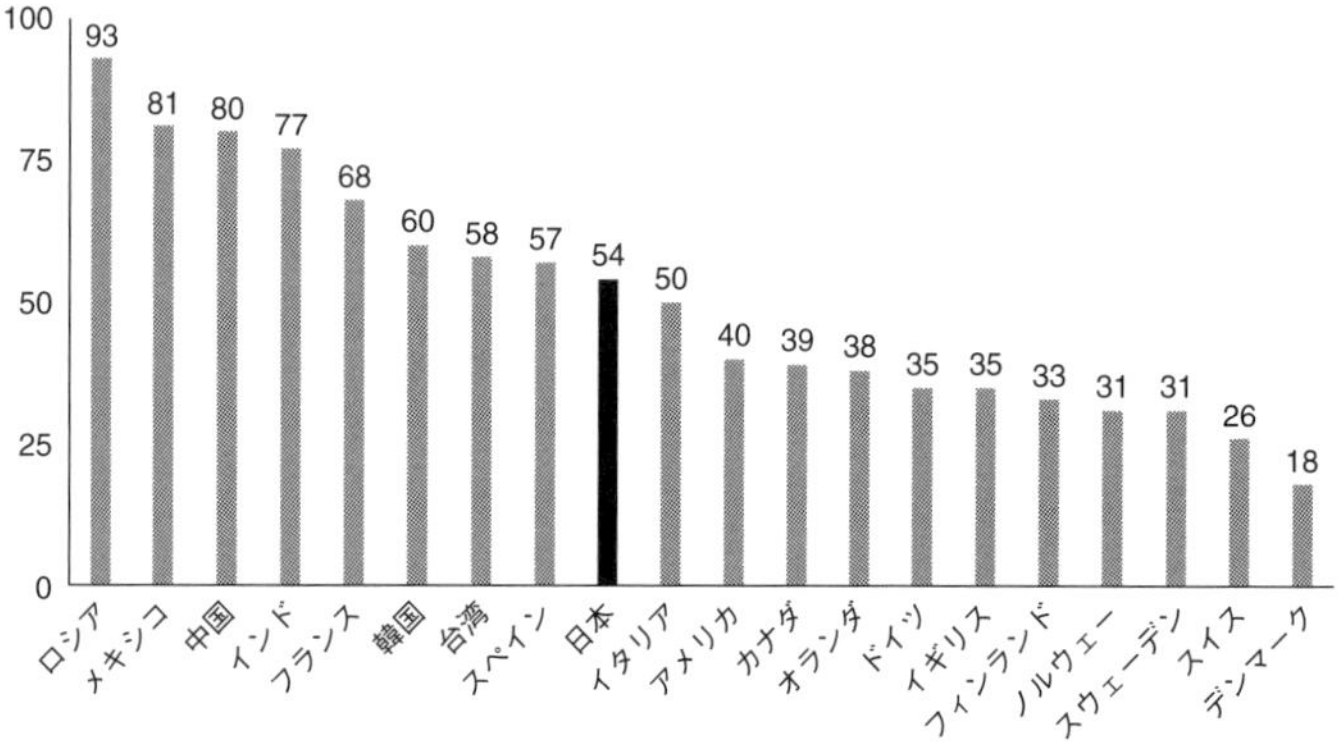

出所：G・ホフステード『多文化世界』有斐閣、1995年をもとに作成

に気づかされます。

　この傾向は各国が強みとするビジネスの類型にも関わっています。たとえばトップクラスのラグジュアリーブランドの多くはフランスやイタリアといったカトリック国で発祥していますが、これはホフステードが指摘する「権力格差の高い国」に見られる傾向、すなわち「特権やステータスシンボルが身分や経済力を示すシンボルとして社会で機能する」という点とよく符合します。

　逆に、ロックミュージックなど、若者を対象にした文化産業やコンピューター産業など、自由でフラットであることに大きな価値観をおく産業で存在感を放つ国の多くがプロテスタント諸国であることにも気がつくでしょう。

　そもそもプロテスタントの語源となった「プ

ロテスト」は、本来「反抗する」という意味です。では、誰に「反抗する」のか？　宗教改革の当時、世界で最も大きな権威を持っていたローマ・カトリック教会の首長であるローマ教皇です。この運動の口火を切ったのはドイツの神学者、マルティン・ルターですが、彼のしたためた、いわゆる「95箇条の質問」は、それ自体がローマ教皇に向けての、言うなれば「シャウト」だったわけで、あらためてすごいことをやったものだと思います。

国民性というものが宗教だけによって決まるとは考えられませんが、プロテスタントの影響の強い国々では全般に権力格差が小さい、つまり「権威に対して反抗的である人が多い」のは、プロテスタントの出自とその後に歩んできた歴史を踏まえれば腑に落ちます。

反抗は社会開発のエンジン

そして、さらに興味深いのは、この権力格差のスコアと、国別の国際競争力ランキングには一定の相関が見られるということです。

次ページの図6は、縦軸に国別の国際競争力ランキングを、横軸に権力格差指標をとって国別のデータをプロットしたものです。一覧しておわかりいただけるように、グラフ全体に左上＝権力格差が小さく、国際競争力ランキングは上位の国々から、右下＝権力格差

図6　主要国の権力格差と国際競争力ランキング

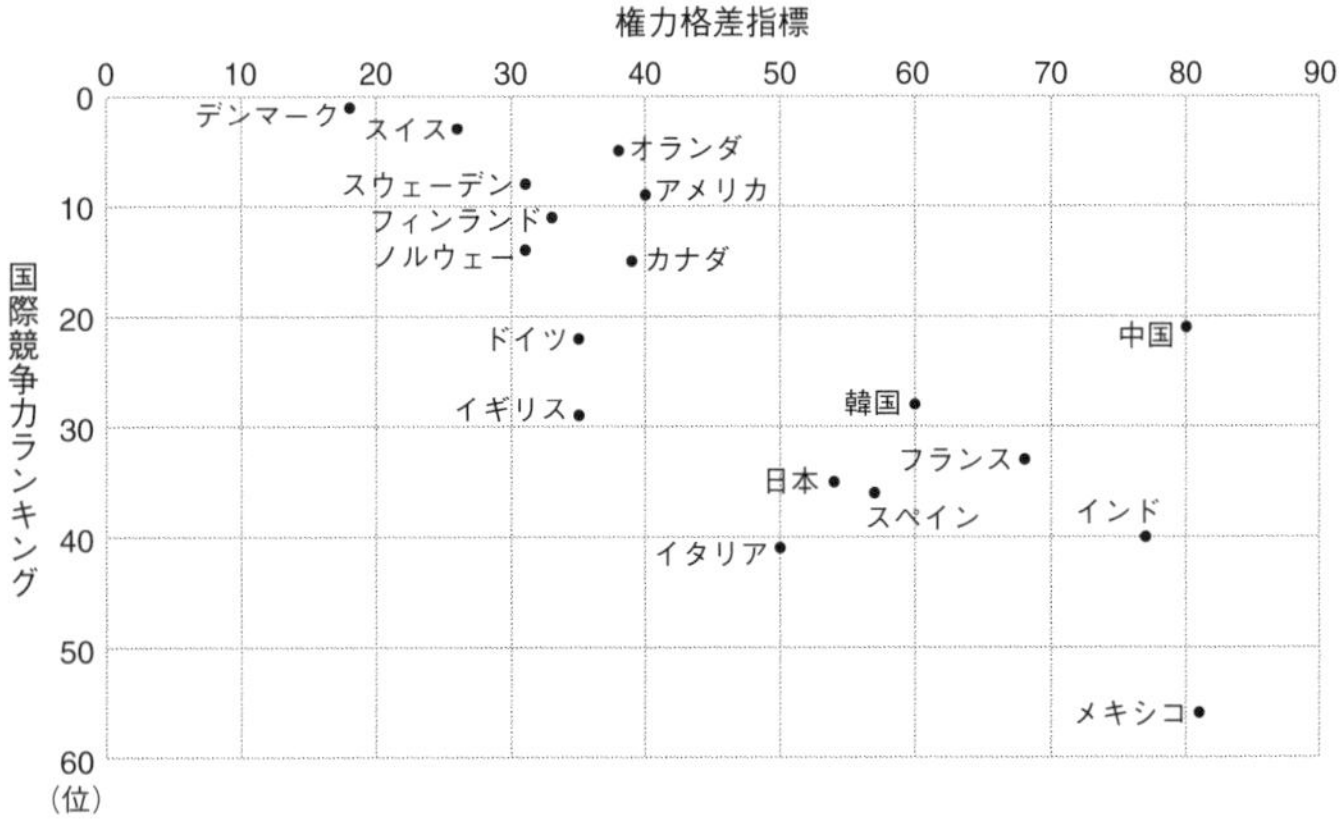

出所：G・ホフステード『多文化世界』有斐閣、1995年をもとに作成

が大きく、国際競争力ランキングは下位の国々へと広がる傾向が見て取れます。

デンマーク、スイス、オランダ、フィンランド、スウェーデン、ノルウェーといった国々は世界で最も権力格差の小さい国ですが、これらの国はことごとく国際競争力ランキングでも上位のポジションにある一方で、権力格差の高い国々が、全般に国際競争力で劣っている様相が見て取れます。

国際競争力ランキングは、経済力・政府の効率性・教育水準・インフラの整備状況等、様々な社会的指標の組み合わせで決まっており、その評価手法には、評価する主体の恣意的価値観が大きく反映されています。したがって、このランキングにおいて上位にあることが、万人にとって望ましい社会であることを意味すると断定するつもりはありません。

しかし、この指標が、現時点で考えられる「民主化・文明化の進んだ社会のあり方」についての一定の基準となり得ると考えるのであれば、このデータは、クリティカルであること、既存の権威やシステムに対して反抗的であることが、いかに社会の開発・発展にとって重要な要件であるかということを示唆しています。

批判的であること、反抗的であることを止めてしまった社会は停滞してしまう。もし、そうなのだとすれば、私たちにはあらためて「反抗は社会資源である」という命題を肝に銘じて、自らの態度や価値観を改めていくことが求められます。

批判的・反抗的であるからこそ惹かれる

批判的・反抗的であるということはまた、人を惹きつける要素ともなります。歴史的に大きな運動を生み出すことになったテキストの多くは、目の前に繰り広げられる光景に対する批判をテキストの主軸にしており、批判を乗り越えた先に実現すべきビジョンについては、あまり具体的なことを示していないということも、私たちはすでに知っています。

人類の歴史において、最も大きな運動を引き起こすことに成功したテキストといえば、何といってもキリスト教における聖書とマルクスによる著作、なかでも『共産党宣言』ということになりますが、両者には共通項があります。それは「運動の結果として最終的にやってくるのがどのような世界なのか？についてははっきり描写されていない」ということです。

新約聖書においては、しばしば最後の審判を経てやってくる「神の国」についての言及がありますが、具体的にそれがどのような場所なのかについての説明はありません。ルカ福音書において、イエス自身は「神の国は、見える形では来ない」とした上で「神の国はあなたがたの間にあるものだ」と、今日で言うところの社会構成主義を先駆けるような表現で説明していますが、具体的なイメージが湧く記述ではありません。

これは『共産党宣言』においても同様に指摘できる傾向です。『共産党宣言』では、現状の社会に対する分析と既存の社会主義への批判があったのち、ある種、唐突に「万国の労働者よ、団結せよ」という宣言で閉じられており、団結してどんな社会を作るべきなのか？は具体的には示されていません。マルクス自身は、『ドイツ・イデオロギー』の中で「共産主義とは未来にある何かではなく、現状を止揚する現実の運動だ」と言っていますが、この言葉にも先ほどのイエスの言葉と同様の印象を受けます。

しかし、逆にいえば、だからこそこれらのテキストは大きな運動を作ることができたのだ、と考えるべきなのかもしれません。最終的にやってくる世界がどのような世界なのか、そのビジョンの細部が明確になればなるほど、個々人が自分で考える理想的な社会のイメージとの違いもまた明確に意識化されることになります。この「細部の違い」は集団の求心力を弱め、社会運動の推進力を大きく減損させる原因にもなり得ます。

アリストテレス以来、多くの思想家や心理学者が鋭く指摘した通り、私たちは「敵との大きな差異には我慢ができるものの、味方との小さな差異には我慢がならない」からです。これは運動のモーメンタムについて考えたとき、憂慮しなければならないポイントです。

世界最高のCMは「敵の宣言＝宣戦布告」

私たちは「強い肯定」よりも「強い否定」にこそ惹きつけられているのかもしれません。確かに、これまで大きなインパクトを伴って世に登場してきたブランドや企業の多くは、「何かを強く肯定する」よりも、むしろ「何かを強く否定する」ことによって、そのブランドや企業のアイデンティティを鮮烈に社会に示してきた、という印象があります。この論点について検討するために、広告関係者の多くが「史上最高のCM」と激賞して止まないアップルの初代マッキントッシュのCMを取り上げて考察してみましょう。

アップルが最初に制作した伝説のCM「1984」では、ジョージ・オーウェルのディストピア小説『1984』にインスパイアされたと思しき全体主義的なセレモニーを、乱入したハンマー投げの女性アスリートが破壊するというシーンが描かれたのち、最後に次のようなテロップが流れます。

On January 24th, Apple Computer will introduce Macintosh.
And you'll see why 1984 won't be like "1984".
1月24日、アップルコンピューターはマッキントッシュを新発売します。
そしてあなたは、なぜ1984年が、あの〝1984〟のようにならないか、わかるでしょう。

アップルは当時、創業8年目のベンチャー企業でした。そのようなベンチャー企業が、社運をかけて開発したパーソナルコンピューターの新発売を告知するためのCMなのに、機能や性能の説明はおろか、商品カットさえ映っていないのです。

このCMでは

●マッキントッシュにどれだけ便利な機能が備わっているのか？
●マッキントッシュによってユーザーの能力はどのように拡張されるのか？
●マッキントッシュによってどのような社会がやってくるか？

といった点には、全く触れられていません。描かれているのはただ一つ、

●マッキントッシュによってどのような社会がやってこないか？

ということだけです。

CMの最後に流れるキャプションの最後の一行が、ビジョンを語る際にいつも用いられる「will be＝になる」という肯定形ではなく、「won't be＝にならない」という否定形で閉じられているところに注意してください。

要するにこのCMは「我々の敵は誰か？　我々は何と戦うか」という一種のマニフェストであり、一言でいえば「宣戦布告」なのです。世界中の広告関係者が「史上最高のCM」と激賞するCMの内容が、実は何も肯定しておらず、逆に「全面的な否定」しか描いていない、ということは非常に示唆深いと思います。

図7　通常神学と否定神学

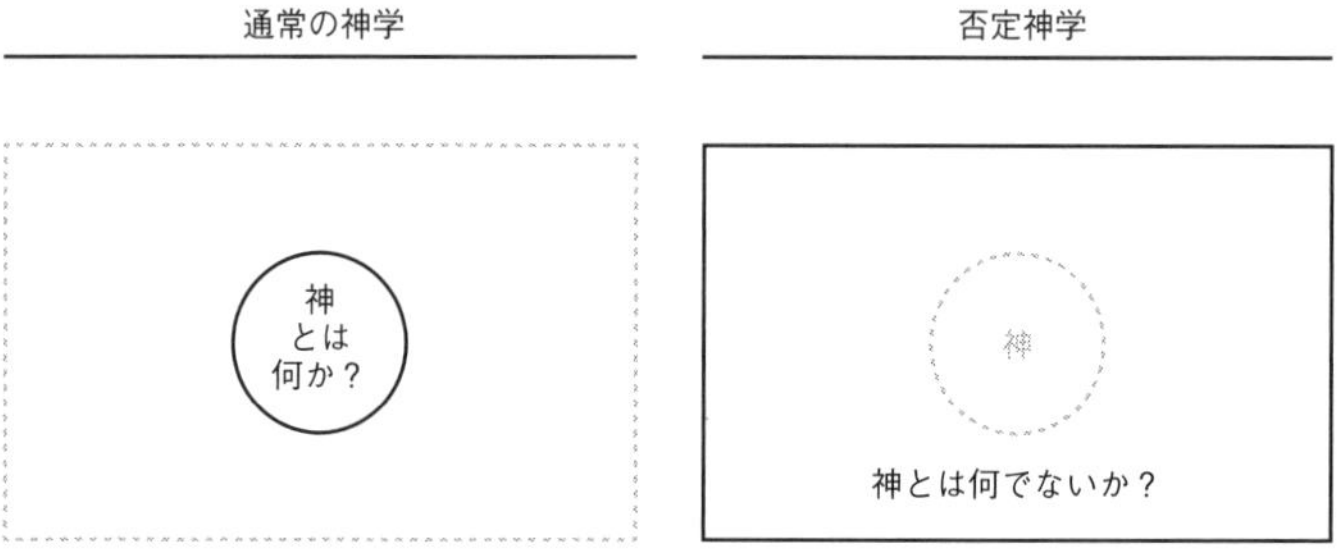

●神についての考察を通じて神の性質や能力を明らかにしようとする

●「神でないもの」についての考察を通じて神の性質や能力を明らかにしようとする

否定神学による社会の彫琢

このアプローチはキリスト教神学における否定神学のアプローチを思い起こさせます。否定神学では、神に関する知識や理解を「神とは何か？」という論点に基づく考察ではなく、「神とは何でないか？」という論点に基づく考察を通じて把握しようとします。

なぜ、このようなアプローチを取るのでしょう。神は人間の理解や能力を超えた存在であるため、神の全的な資質や能力を人間が把握し、記述することはそもそも不可能だ、というのが否定神学の前提となっています。つまり、全世界から「神でないもの」を削り取るための「意味の接線」を無数に引くことによって不可知な神の輪郭を彫琢する、というのが否定神学のアプローチなのです。

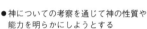

同様のアプローチが、社会構想においても有効なのかもしれません。かつてトマス・モアを嚆矢として、ウィリアム・モリスや多くの論者によって「理想的な社会とはどのような社会か？」という問いに対する回答として、様々なユートピアのモデルが提案されたわけですが、これらの提案は今日、ほとんどかえりみられなくなってしまいました。

一方で、ユートピア小説とは真逆の「理想的でない社会とはどのような社会か」を描いたファンタジーであるディストピア小説の多くが、先述したジョージ・オーウェルの『１９８４』をはじめ、今日の社会においてもしばしば言及されていることを考えれば、私たちはアプローチを逆転させるべきなのかもしれません。

多くの人を参加させながら、参加した各人の持つ理想社会のイメージを多様に織り込んだしなやかで瑞々しい社会改革運動がもし可能であるのであれば、その運動は「理想社会とはどのような社会であるか？」という問いよりも、むしろ「理想社会とはどのような社会ではないのか」という否定神学的な問いによってこそ駆動されるのかもしれません。もし、そうなのだとすれば、私たちにとって、現状の社会の有り様を批判的に眼差す「クリティカルな態度」こそが社会運動・社会構想に必要なものだということになります。

第四章　クリティカル・ビジネス・パラダイムの背景

ここまで、クリティカル・ビジネス・パラダイムとはどのようなものか、それは従来のアファーマティブ・ビジネス・パラダイムとはどのように異なるのか、について考察してきました。

本章では、21世紀に入って起きているクリティカル・ビジネス・パラダイムの台頭が、私たちの社会のどのような変化によって駆動されているのか、という論点について考えてみましょう。

クリティカル・ビジネス・パラダイム台頭の構造原理

21世紀に入ってから、クリティカル・ビジネスが台頭している原理を考察する前に、ま

図8　主要国のGDP成長率の推移

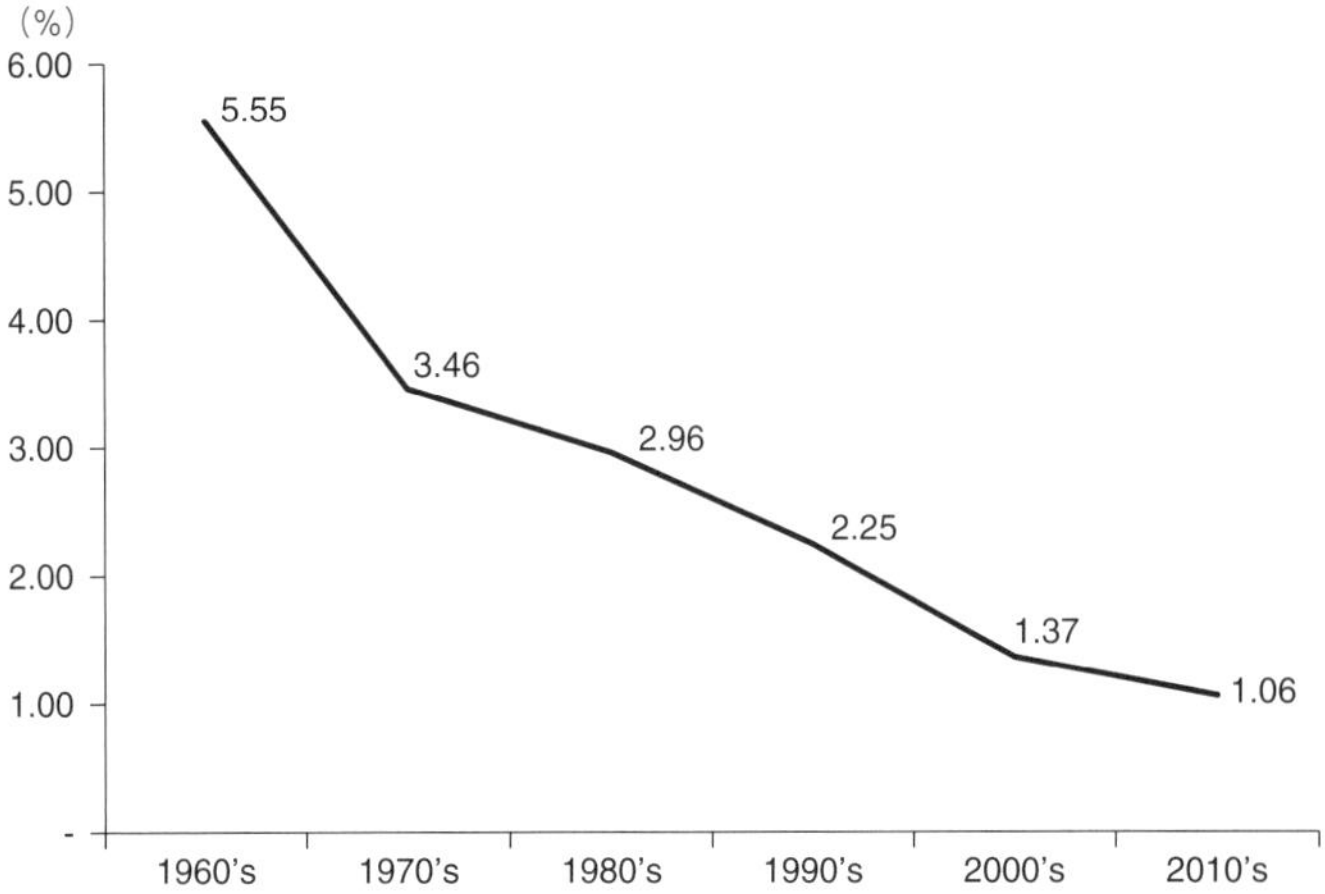

ず私たちが「いま、どこにいるのか？」という点について押さえておきましょう。この論点についてはすでに前著『ビジネスの未来』においても触れていますが、クリティカル・ビジネスが台頭する構造原理を理解するためにはどうしても避けて通れないポイントなので、前著をすでに読んでいるという方もしばしお付き合いいただければと思います。

　図８を見てください。これは世界銀行が発表している先進７カ国、いわゆるＧ７の平均ＧＤＰ成長率の推移を時系列でまとめたものです。データは２０２０年までの集計であり、コロナパンデミックの影響は含まれていません。

　一瞥してわかる通り、先進７カ国の経済成長率は、ＧＤＰ統計を取ることが始まった１

960年代をピークに、過去を一度として上回ることなく、着実に低下してきていることがわかります。

このグラフを見ると、現在の世界で喧しく議論されている「成長か、脱成長か」という議論が、そもそも論点として破綻していることがわかります。「成長か、脱成長か」という議論は、私たちの意志によってどちらかの選択肢を選ぶことが可能だ、ということが前提となっていますが、このグラフを見る限り、私たちに選択の余地はありません。世界は超長期的なトレンドとして必然的な「脱成長社会」に向かっているということです。

しかしこれは、考えてみれば不思議なことではないでしょうか？　私たちは、1990年代におけるインターネットの普及、あるいは2000年代におけるスマートフォンの普及、あるいは2010年代における数々のテクノロジーイノベーションの普及によって、大きく社会が変容し、私たちの生活もまた変化したことを知っています。しかし、その変化が経済成長率には反映されないのです。

テクノロジーやイノベーションが経済を成長させるという主張を無邪気に振り回している人がよくいますが、この考え方は一種の宗教です。なぜ宗教かというと科学的なエビデンスがないにもかかわらず、単に「そう信じたい人が、そう信じているだけ」だからです。この点はすでに前著でも指摘したことですが、2019年にノーベル経済学賞を受賞したアビジット・バナジーとエステル・デュフロの二人は、根拠なきテクノロジーへの過剰な期待に警鐘を鳴らしており、近著において「インターネットが経済成長をもたらしたということを示すデータはいっさい存在しない」と断言しています(6)。

なぜ、数々のテクノロジーイノベーションが起きているにもかかわらず、経済成長率は低下の一途を辿っていて反転の兆しがないのか？　経済学者はこの不思議な現象について様々な考察を繰り広げていますが、最大公約数としての回答をここで述べれば「社会に残存する問題が少なくなってしまったから」ということになります。

資本主義と市場原理は「大きな問題」から解決する

ビジネスはこれまで、それぞれの時代において、社会に存在する問題を解決することで経済的価値を生み出してきました。したがって、社会に残存する問題が減ってくると、経済成長は停滞することになります。

次ページの図9を見てください。これは社会に存在する問題を「普遍性」と「難易度」

(6) アジビット・V・バナジー、エステル・デュフロ『絶望を希望に変える経済学』日本経済新聞出版

図9　「問題の普遍性」と「問題の難易度」のマトリックス

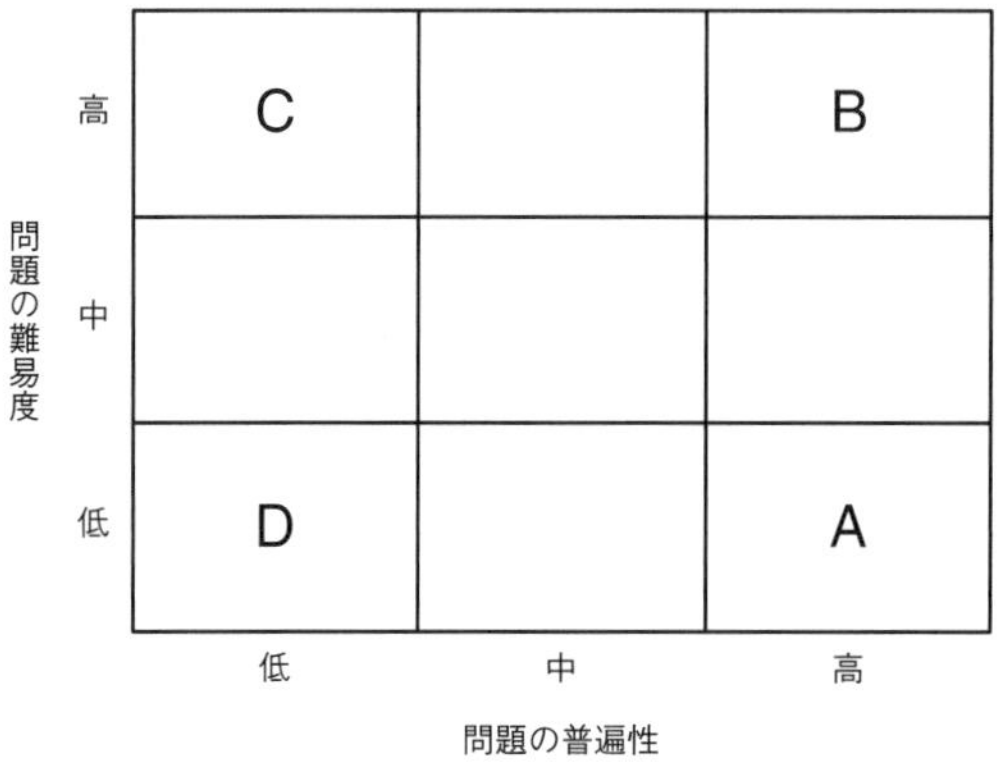

のマトリックスで整理したものです。

ビジネスの役割を「社会に存在する不満・不安・不便という問題を解決すること」と定義した上で、世界に存在する問題をすべてこのマトリックスに投げ込んで整理すると考えてみてください。

横軸の普遍性とは「その問題を抱えている人の数」を表します。つまり「普遍性が高い問題」ということは「多くの人が悩んでいる問題」ということになります。逆に「普遍性が低い問題」ということは「ごく一部の人が悩んでいる問題」ということになります。

一方で、縦軸の難易度とは「その問題を解くのに必要な資源の量」を表します。「難易度の高い問題」ということは「解決するのに人・モノ・金といった資源がたくさん要る」ということになります。

逆に「難易度の低い問題」ということは「解決するのに人・モノ・金といった資源が少なくていい」ということを表します。

さて、このように整理された問題を、これまでの社会がどのようにして解決してきたかを考えてみましょう。

資本主義には「最もリターンの高いところに資本が集まる」という原理的な傾向がありますから、市場はまず右下のAのセルから問題を解決します。このようにしてAの領域に取り組む起業家が増えてくると、やがてこのセルの問題の多くが解消されたという状況に至ります。すでに解決された問題を二番目、三番目に解いても得られる限界リターンは小さくなっていく……つまり経済学でいう限界効用逓減が発生しますから、このような状況に至ると、後からやってくる起業家は別の問題に取り組む必要があります。

資本主義と市場原理の限界

さて、このようにして「問題の探索とその解決」を連綿と続けていくと、やがて「問題解決にかかるための費用」と「問題解決で得られる利益」が均衡する限界ライン、図10にある「経済合理性限界曲線」にまで到達してしまうことになります。

図10　経済合理性限界曲線

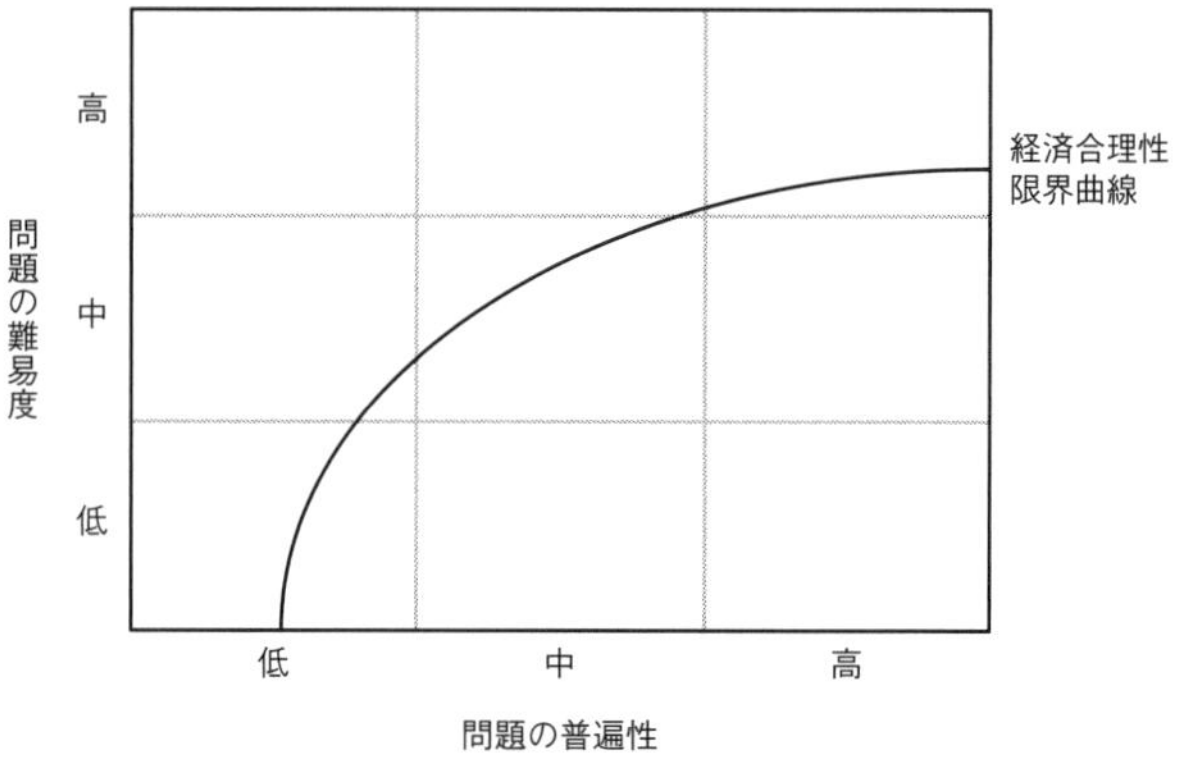

このラインの上側に抜けようとすると「問題解決の難易度が高過ぎて投資を回収できない」という限界に突き当たり、このラインを左側に抜けようとすると「問題解決によって得られるリターンが小さ過ぎて回収できない」という限界に突き当たります。

つまり、このラインの内側にある問題であれば市場が解決してくれるけれども、このラインの外側にある問題は原理的に未着手にならざるを得ない、というラインが出てくるのです。

ミルトン・フリードマンに代表される市場原理主義者は、政府は余計なことはせず、社会に存在する問題の解決は市場に任せておくべきだと主張したわけですが、それでは経済合理性限界曲線の内側にある経済的課題だけで、ラインの外側にある社会的課題は原理的に解決できません。

ここでポイントになるのが、市場原理の枠組みの中では「社会問題」は解決されにくい、ということです。なぜなら、人が身銭を切って解決するのは、まずは何をさて置いても個人的問題だからです。いかにテクノロジーが著しく進歩しても、画期的なイノベーションが起きたとしても、そもそも「その問題の解決に対して人々がお金を払おうとするような問題」、つまり「身銭を切っても解決したい問題」がなくなってしまえば、経済成長はそこでストップすることになります。そして、これがまさに、先進国でいま起きていることだと考えられます。

ここに大きなパラドックスがあります。経済は無限の成長を求めますが、同じ成長率を維持するために必要な成長の増分は複利で増えていきますので、年を追うごとに天文学的な量の成長が必要になります。

一方で、先述したように企業は「大きな問題」から順番に解決をしていきますので、年を追うごとに社会に残存する問題は小さく、難しくなります。求められる成長は年を追うごとに大きくなっていくのに対して、解決することでリターンをもたらしてくれる問題はどんどん小さく、少なく、難しくなっているのです。これでは最終的にはどこかで破綻することが明白なゲーム、いわゆる「無理ゲー」でしかありません。

クリティカル・ビジネス・パラダイムによる構造転換

しかしもし、残存している「小さな個人的問題」と「大きな社会的問題」を、多くの人が「自分ごと」として捉えるようになったら、何が起きるでしょう。そう、経済合理性限界曲線は無効化し、市場原理の外側にあって解決されることのなかった問題は、市場原理の内部で解決を図ることが可能な問題に転換されることになります。まさにこれが、現在の社会で進行しているクリティカル・ビジネス・パラダイムの台頭なのだと考えられます。

従来は「小さな個人的問題」あるいは、自分に関係のない「大きな社会的問題」として、手を付けられることのなかった問題が、クリティカル・ビジネスを通じた社会の啓発と、ニュータイプによる共感の拡散によって、多くの人たちにとって「大きな個人的問題」として意識されるようになった結果、これらの問題を解決するクリティカル・ビジネスが資本主義・市場原理の中で存在感を増しているのです。

「他者へ共感する力」が変化を生み出している

このような変化を生み出す中心的な力となっているのが「共感力のある市民」の増加で

す。彼らが増加することでクリティカル・ビジネスの存在感が高まり、これが産業・社会の変化を引き起こしています。いったい、何が起きているのでしょう。二つのポイントが指摘できます。

一つは、クリティカル・ビジネスを通じた社会への告発・啓発です。クリティカル・ビジネスの活動を通じて、普遍性の低い問題の存在が社会に告発されることによって、その問題の存在を知り、その問題に心を痛める人が増えれば、経済合理性限界曲線の外側にあった普遍性の低い問題は、その内側にある普遍性の高い問題へと変換されることになります。

二つ目の駆動要因は、共感力のある個人の増加です。遠く離れた顔の知らない誰かの抱える問題について、心を痛めることのできる共感力を持った人が、社会に増えることによって、普遍性の低い問題は、経済合理性限界曲線の内側にある普遍性の高い問題へと転換されることになります。

なぜ、現在の社会において、人々の「共感する力」は増大しているのでしょうか？　大きく二つの理由が挙げられると思います。

一つ目の理由は、物質的な余裕です。近代以前の社会において、人々は今日・明日の暮らしを営むために必死で、他者の状況について慮る余裕を持つ人はごく一部の人々に限られていました。しかし今日、特に先進国では、多くの人が基本的な物質的ニーズを満たせるようになったことで、より公共的・社会的な問題について関心を払うようになってきています。

二つ目の理由は、情報通信の進化です。情報通信に関連するテクノロジーの進化によって、これまで知ることのできなかった全地球的な問題に関する情報が、感情に訴えかけられるようなフォーマットで得られるようになった、ということで共感の地理的範囲が大きく広がっているのです。

「遠くの他者」と「未来の他者」への共感

ここで注意しなければならないのが、「共感の範囲」は、空間軸だけでなく、時間軸でも広がっている、という点です。共感力のある個人は、空間軸で遠くに離れた人の問題についてのみならず、時間軸で遠くに離れた人の問題についてもまた共感することができます。社会学者の大澤真幸の言葉[7]を借りれば「未来の他者」が抱える問題の解決を、現世代に求めることができるということです。

未来の他者が抱える問題の解決を現世代に求めることができるのであれば、私たちの社

図11　時間軸という三つ目の軸の挿入

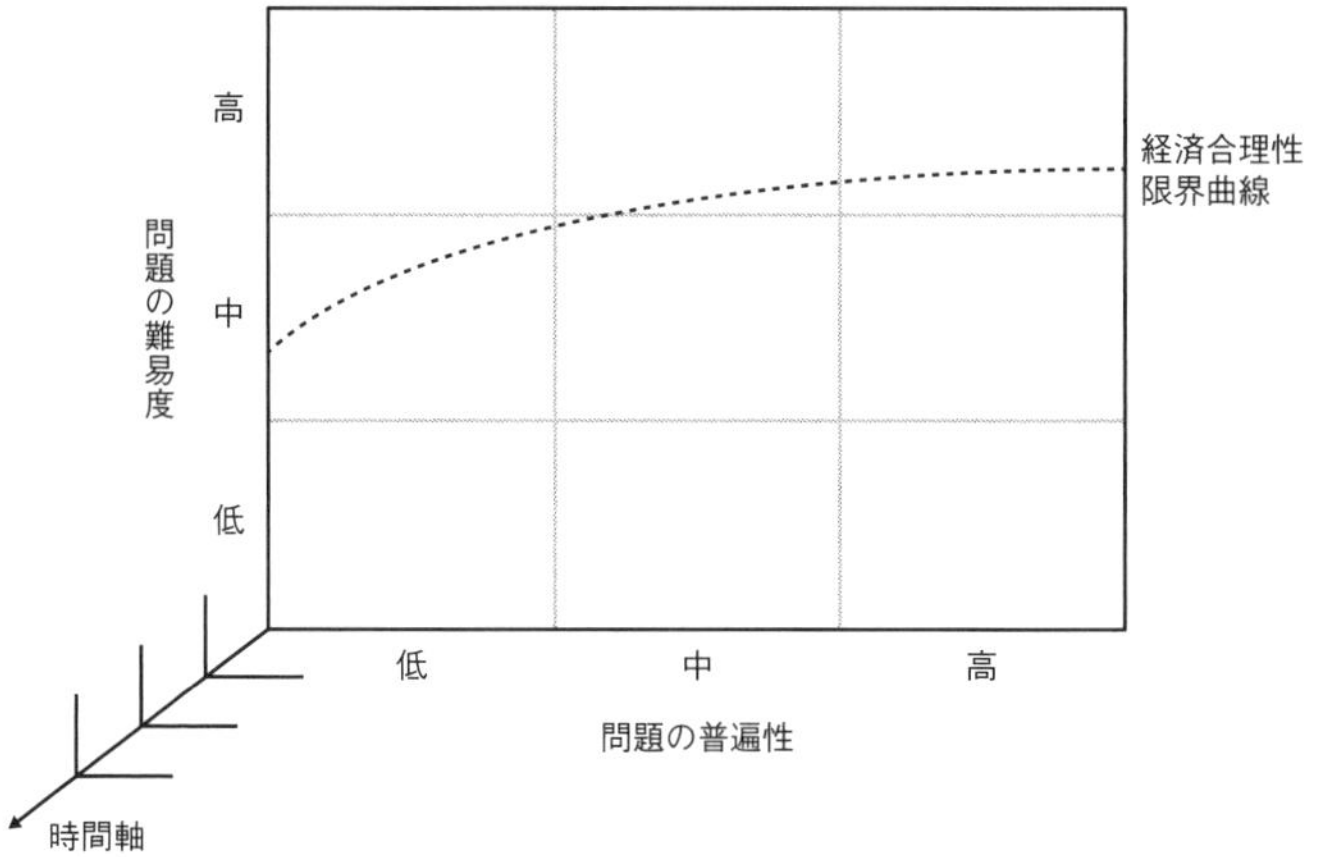

会は「未来の問題」を「現在の問題」として取り組むことが可能になり、問題の希少化という問題は、先取った未来の分だけ延期されることになります。つまり、どれだけ遠く離れた「未来の他者」の問題を先取れるかによって問題の市場の大きさが規定されるということです。ここに「未来の他者に共感する共感力」が市場経済の趨勢を左右する大きなファクターとなって立ち現れることになります。

このように考えてみると、その社会の人たちが持っている「公共性への関心」「未来の他者への関心」の基本的な水準が、クリティカル・ビジネスの発生や成長に大きく関わってくることがわかります。

端的に言えば、公共性への関心の低い社会

では、クリティカル・ビジネスは生まれにくいし、生まれたとしても大きく育つことができないのです。そして、この点にこそ、21世紀に入ってから、西欧の社会において大きく存在感を示すようになったクリティカル・ビジネスが、日本の社会からなかなか生まれない本質的な理由があると私は思っています。

社会運動に起きている変化

社会運動の歴史を紐解いてみると実に楽しいですね。何らかの成果を獲得するに至った社会運動はどれも実に色彩豊かで個別にユニークな創造性を備えており、社会運動はそれ自体が一種の総合芸術なのだ、ということを感じさせます。

現在確認されている限りにおいて、歴史上最初の社会運動は、古代エジプトにおけるラムセス三世のためのピラミッド建築現場におけるストライキだったことがわかっています。労働者たちは、ピラミッド建設の労務が厳しいこと、そのわりには労働現場で供給されるランチが不足しがちなことに怒り、歴史上遡れる限りでは最古となるストライキを決行して「ランチの安定供給」という成果を勝ち取ったようです。

以来、たとえば古代ギリシアにおける反戦を求める女性によるセックスストライキ

（！）をはじめ、様々にユニークな社会運動が歴史に登場してきましたが、歴史を通じて指摘できるのは、古代から20世紀の半ばまで、社会運動のほとんどは、運動に関わる当事者の物質的・経済的困難の解消を目的にしていた、ということです。

しかし、20世紀の後半から21世紀にかけて、社会運動は質・量の両面で大きな変化を遂げています。どのような変化が起きているのでしょう？

社会運動は激増している

まず「量の面」から言えば、社会運動の数は近年、劇的に増加しています。ハーバード大学行政大学院で社会運動に関する研究を行っているエリカ・チェノウェスは、近著『市民的抵抗』において、２０１０年から２０２０年の10年間は、記録に残っている歴史上のいかなる10年間よりも多くの非暴力的な社会運動が起きたこと、そして特に、21世紀の最初の20年間で起きた社会運動の数は20世紀全体の１００年間に起きた数よりも多かったこと、を指摘しています。つまり、21世紀に入ってから、社会運動の数は激増しているので

（7）大澤真幸『我々の死者と未来の他者――戦後日本人が失ったもの』インターナショナル新書

す。

私たちの世界は、かつてないほどに社会運動による揺さぶりを受けており、これが不確実性を高める一つの要因にもなっています。ニューヨークに本拠を持つ地政学リスクを専門に扱うコンサルティング・ファームのユーラシア・グループは、2023年の世界十大リスクの一つとして「ロシアに関連する安全保障危機」や「習近平氏への権力集中」といった地政学的な要素と並んで「SNSをフル活用して社会変革に挑むZ世代」を挙げています。(8)

社会運動は「私のため」から「他者のため」に

さて次に「質の面」について考えてみましょう。先述した通り、20世紀の半ばまで、社会運動のほとんどは、運動に関わる当事者の物質的・経済的困難の解消を目的にしていました。ところが近年、特に先進国における社会運動は、物質的・経済的困難の解消を目的とするよりも、環境問題の解決や社会的平等や公正の回復を目的とする運動が主流となっています。

それはたとえば、スウェーデンのアクティヴィスト、グレタ・トゥーンベリ氏によって始められた「Fridays For Future」であり、一連のＬＧＢＴＱ＋の権利を守るための社会運動であり、人種差別撤廃を求める「Black Lives Matter」などの社会運動であり、性的暴力の告発を拡散させた「Me Too ムーブメント」などです。言うならば、これらの社会運動は、運動の当事者の問題ではなく「遠くの他者」や「未来の他者」の問題を解消するための運動に変わってきているのです。

社会運動の質的転換の理由

古代以来、歴史を通じてこれまで主流だった「自分のための運動」は、21世紀に入ってから「他者のための運動」に変わってきている。なぜ、このような変化が起きているのでしょうか？　理由は大きく五つあると考えられます。

一つ目が経済的発展による物質的不足の解消です。特に先進国をはじめとして、基本的な物質的ニーズが満たされるようになり、人々はより公共的・社会的な問題に焦点を当てるようになりました。

（8）https://www.eurasiagroup.net/live-post/top-risks-2023-9-tik-tok-boom

二つ目が、グローバリゼーションによる国際的な認識の高まりです。グローバリゼーションの進展により、かつてと比較して、個別の国で高まった問題意識が、国境を越えて共有されるようになりました。気候変動のような地球規模の問題は、特定の国や地域だけの問題ではなくなっています。

三つ目に、メディアとコミュニケーションのあり方の変化が挙げられます。特に、一般市民が世界に向けて情報発信できるプラットフォームであるソーシャルメディアの台頭は、個人が広範囲にわたる問題について把握し、意識を高め、行動を起こすきっかけを提供しています。

現在、世界では53億人の人がインターネットにアクセスできる環境にあり、うち50億人がSNSを利用しています。世界全体の個人が、別の地域にいる無数の個人とつながるようになったことで、現代の社会運動は、物質的な不足や経済的困難を超えた、より幅広いテーマに対処するようになっています。社会の発展と共に、人々の関心や価値観も進化しているのです。

四つ目が、教育による意識の向上です。特に現代の若い世代は、以前の世代よりも高い教育水準を享受しており、世界的な問題についての認識と理解が深まっています。教育を通じて、環境問題、社会的正義、人権などについて学び、それらに対する共感を育んでいます。

そして五つ目、何よりも大きいと思われるのが、価値観の変化です。様々な調査が、物質的な豊かさよりも、社会的な意義や個人のアイデンティティ、倫理的な価値を重視する傾向が若い世代には見られることを報告しています。これは、社会運動が個人の物質的な不足や経済的な困難から、広範な社会的、環境的な問題へとシフトする大きな要因となっています。

ここまでに挙げた五つの要因には共通した特徴があります。それは、これらの変化が不可逆なものだ、ということです。もし、これらの要素によって「共感力のある人々」が増加し、その増加がクリティカル・ビジネスの台頭の駆動エンジンになっているのであれば、このトレンドは長期にわたって継続すると考えた方が良いということになります。

起きているのは「欲求の抑制」ではなく「新たな欲求の台頭」

ここで留意しなければならないのは、このような共感は「倫理」や「道徳」や「義務」といった規範によって醸成されているわけではない、という点です。英国の哲学者、ケイト・ソパーは、近年、特に一定の世代以下で顕著に見られる、環境や社会へ配慮したライフスタイルや消費スタイルは「自己利益を抑制すること」……つまり一種の「痩せ我慢」によって駆動されているのではなく、むしろ「環境や社会への配慮が自己利益として内部化されること」によって駆動されている、と指摘しています。

彼女は、端的にこの現象を「Alternative Hedonism ＝新しい快楽主義」という概念として整理しています。自分たちの欲求や快楽を抑制することによって新しい消費のスタイルが生まれているのではなく、より環境に適した消費生活を送りたい、他者の問題を解決したいという新しい欲求や快楽の登場によって、新しい消費のスタイルが生まれている、ということです。まさに「資本主義のハック」が起きている、というのがソパーの理解です。

これは非常に重要な指摘だと思います。というのも、もし、このような社会的な流れが、抑制によって生まれているのであれば、この流れはやがて必ず元に戻るからです。抑制というのはサステナブルではありません。規律によって抑え込まれている欲望や欲求の質が本質的に変化していないのであれば、いずれは必ず大きな揺り戻しとなって戻ってきて、それは従前よりもさらに悪い結果を引き起こすことになります。

いま、世界で進行しているのは、20世紀以前の世界において肯定されていた欲望や欲求を抑制するということではなく、それを超克的にアップデートするという趨勢なのです。

「解放」と「禁欲」の二項対立を超える

オーストリア出身の社会思想家、イヴァン・イリイチは「環境危機の唯一の解決策」として「環境破壊的でない生活の仕方をとおして、自分たちは今よりも幸せになるのだという洞察を人びとがわけもつことである」と述べています。イリイチは、このような社会を「自立共生的＝コンヴィヴィアルな生き方」とした上で、それを「歓びに充ちた節制と解放する禁欲（＝joyful sobriety and liberating austerity）」という言葉で表現しています。

面白い表現ですね。「節制」は通常、「苦しみに充ちた」ものになりがちですが、ここでイリイチは「歓びに充ちた節制」と言っています。この節制は、何らかの歓びを抑圧することではなく、節制そのものが歓びになるような質のものだと言っているわけです。

同様に「解放する禁欲」という表現も撞着語法に思われます。通常、「禁欲」は「解放」とは真逆の「束縛」を生み出しますが、イリイチによれば、むしろ「禁欲」を通じて「解放」される、そのような「禁欲」のあり方があり得る、ということを言っているわけです。

私は前著『ビジネスの未来』において、私たちの生を、これまでの「未来のために現在を手段化する＝インストゥルメンタル」なものから、「現在の行為そのものが現在の喜びとなって回収される＝コンサマトリー」なものへと転換させていかなければならない、という指摘をしていますが、イリイチも同様に、節制や禁欲を「手段的＝インストゥルメンタル」なものではなく、それ自身が喜びとなって回収される「目的的＝コンサマトリー」なものとなるべきであり、それは可能だと言っているわけです。

社会学の始祖の一人であるゲオルグ・ジンメルは、かつて、清貧を宗とするカトリック修道会の一派であるフランシスコ会修道士に見られる至上の幸福と精神の解放は、彼らの「絶対的な無所有」によって成り立っている、という趣旨の逆説を指摘しています。イリイチも還俗した元カトリックの神父ですが、この「節制と禁欲を突き抜けて幸福と解放に至る」という考え方には通底するものがあるように思います。

かつて、一部の宗教者にのみ見られたような欲望のアップデートが、もしかしたら広い範囲で起きているのかもしれません。

脱物質化する世界

近年、特に先進国の若年層において「欲求の質」が変わってきている、ということは数多くの研究から示唆されています。

社会学者のロナルド・イングルハートは、彼の著書『文化的進化論』において、彼自身が40年以上前に著した著書『静かなる革命』の中で述べた「社会が豊かになるにつれて物質主義から脱物質主義への変化が起きる」という仮説を検証した近年のプロジェクトの結果について、次のような趣旨のことを述べています。

●1970年代の初め、調査対象となった6つの国すべてで物質主義が脱物質主義をはるかにしのいでおり、脱物質主義者と物質主義者の比率は1対4、最年長世代では1対14という結果だった

●その後、大規模なシフトが生じ、2000年代には西ヨーロッパでは脱物質主義者と物質主義者の比率はほぼ半々、米国では2対1、北欧では5対1となっている

●物質的安定が増し、生存への安心感が高いレベルに達した国々では、今後も同様の変化が見られると予測できる

イングルハートの指摘は私たちに重大な示唆を与えます。もし、世界が超長期的な物質的繁栄のプロセスの最中にあり、やがては現在、新興国・発展途上国と呼ばれる地域も含めて、全地球的に物質的安定性が増していくマクロ的トレンドの最中にあるとすれば、現

在の先進国で見られる「物質主義から脱物質主義への転換」は、全世界的かつ超長期的なトレンドとして継続する可能性が高い、ということです。

これは安全・快適・便利という基本的な価値が飽和した世界において、巨大かつ新たな市場、すなわち「脱物質主義という新たな価値観」が、これから大きく成長するということを意味しているのです。

価値観の変化は相転移のように起きる

注意しなければならないのは、少数派が多数派に影響を与えて社会の価値観や規範が変わるとき、その変化は非線形な過程を辿って「ある時期を境に一気に変化する」傾向がある、という点です。

二つの研究を紹介しましょう。黎明期の社会心理学の領域において、同調圧力がどのように個人の態度に影響するかを研究したソロモン・アッシュは、人々の態度変容は、入力される情報のシェアの変化に対してリニアに起きるのではなく、図12が示すように、ある閾値を超えたところで急激に起きるとしています。社会における態度変容は、アーネスト・ヘミングウェイの表現を借りれば「最初は緩やかに、そして突然に」起きる、という

図12　情報のシェアと態度変容の関係

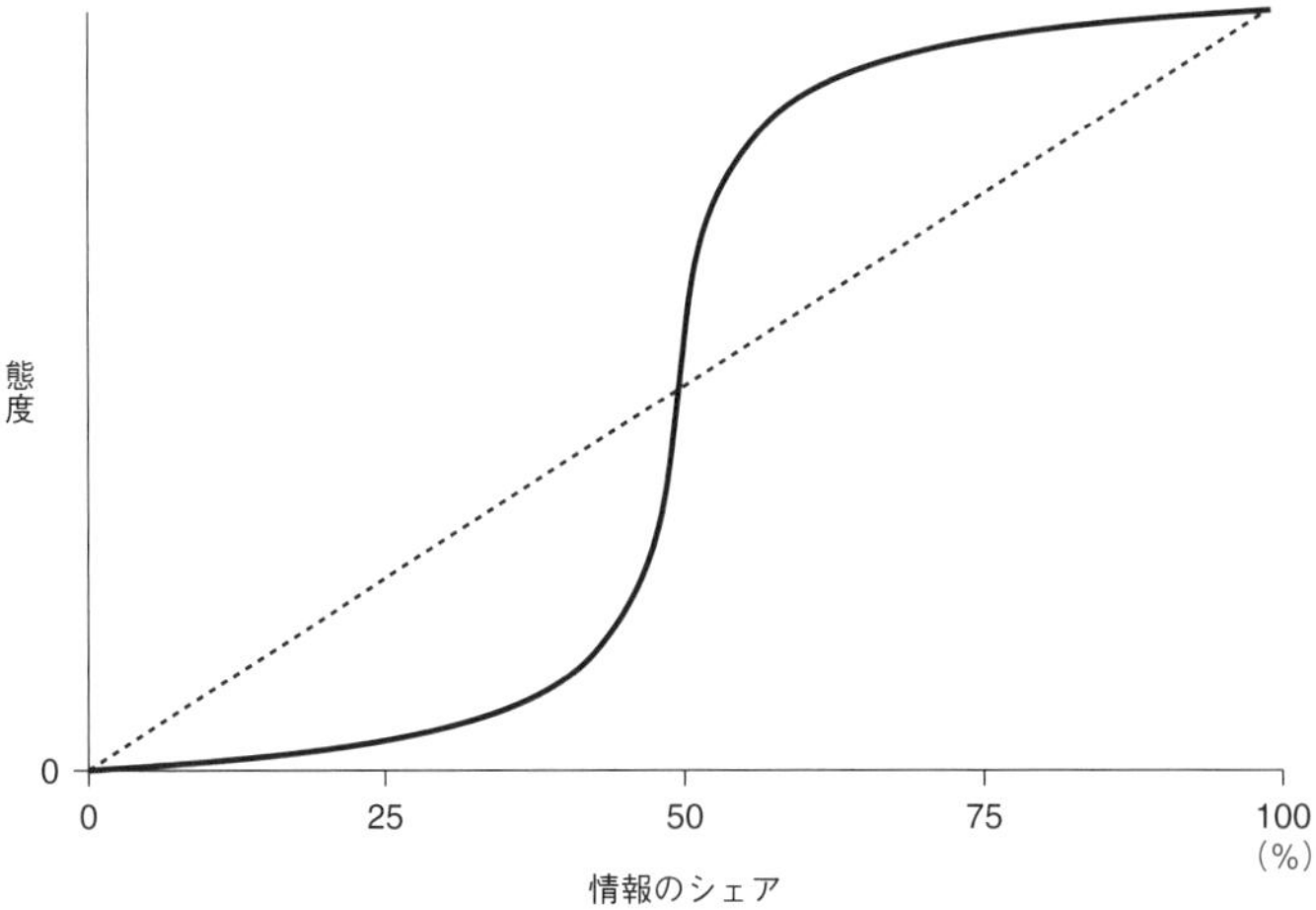

ことです。

アッシュのこの指摘を踏まえれば、現在の社会で増加傾向にある「共感力のある市民」の価値観は、ある一線を越えたところで急激に多数派のそれに転換する可能性があります。そして、この仮説は、現在進行している全世界的な社会運動のトレンドとも符合しています。

もう一つの研究が社会心理学の開祖の一人であるセルジュ・モスコヴィッシによる「少数派影響理論」です。社会の趨勢が多数派によって決まるのだとすれば、社会の多数派が支持する価値観や規範は一向に変化しないはずです。しかし、過去の歴史を振り返れば、私たちの社会はこれまでずっと、かつて多数派にとって正しいとされた価値観や規範が転換することで変遷してきました。女性の権利の拡大、奴隷制度の廃止、性的指向の多様性の受容、植民地主義と帝国主義の否定等、これらはすべて、その当時において圧倒的多数派だった人々の規範・倫理観・価値観が転換することで実現しています。

社会変化は「少数派」によって牽引される

社会の変遷は多数派ではなく、むしろ少数派によって牽引されます。モスコヴィッシは、少数派の意見や行動が多数派に影響を与えることで社会が変容していくことに着目し、それを「少数派影響理論＝Minority Influence Theory」というコンセプトにまとめました。

この理論の内容は本書の後半、クリティカル・ビジネスの実践に関する項で取り上げたいと思いますが、まずは現時点では「少数派であることが無力であることを意味するわけではない」ということだけ、心にとどめておいてください。

モスコヴィッシの研究が明らかにしたのは、人々は、多数派の意見に触れたときには「表面的な態度は多数派に接近するが、本音は変わらない」のに対して、少数派の意見に触れたときには「表面的な態度は変化しないが、本音は変わる」ということです。

少数派と同じ意見を表明することは嘲笑や制裁を招く可能性がありますから、表立ってこれを支持することにはためらいがある。だけれども、心の奥底では無意識的な変化が起きており、これが中長期的で持続的な態度変容につながっていくことになります。多数派と少数派では「影響の性質」が異なる、ということですが、社会変革において重要なのは、実は「少数派の影響」なのです。

モスコヴィッシによる少数派影響理論は、社会の変化が、多数派による大きなリーダーシップではなく、むしろ少数派による小さなリーダーシップによって起きるということを示唆しています。クリティカル・ビジネスは前述した通り、原理的にその時点で多数派のコンセンサスの取れていない問題を提起し、社会変容を目指すイニシアチブですから、「少数派による意見や行動で多数派が影響をうけ、社会が変容していく」というモスコヴィッシによる同理論は大きな洞察を与えてくれます。

第五章　社会を変革したクリティカル・ビジネスの実践例と多様性

クリティカル・ビジネスの「クリティカルさのパターン」

前章ではクリティカル・ビジネスが台頭する社会的・構造的な要因について説明しました。本章では、そのようなクリティカル・ビジネスの事例を歴史的に紹介しながら、その「クリティカルさ」の多様性に迫りましょう。

先述した通り、クリティカル・ビジネスにおける「クリティカルさ」には多様な意味が含まれています。それは、人々に意識化されることのなかった疑念を持たせる契機であり、マイノリティや被抑圧者の存在に気づかせる契機であり、既存のシステムの延長線上に何が待ち受けているのかを想像させる契機となります。

これらの「クリティカルさ」は、それぞれ、既存の制度や価値観に挑戦する革命的なビジネス、マイノリティや被抑圧者の声を代弁するビジネス、あるいは環境や持続可能性を中心的な課題に据えるビジネスなどに接続され、社会運動としての側面を強く持ったビジネスとして社会に展開されていくことになります。歴史上の社会運動が、そのアプローチ、目的、批判の対象等の要素において多様であったのと同様に、クリティカル・ビジネスの有り様もまた一様ではありません。

私は前章において、特に21世紀に入ってから、クリティカル・ビジネスの存在感が際立って大きくなっているという指摘をしましたが、歴史を振り返れば、今日のクリティカル・ビジネスの構えに通じるような断片的な事例は、すでに20世紀の半ばから後半にかけて、世界のそこかしこで見られることに気づくでしょう。

この章では、それらの事例を次のような類型に整理して考察してみたいと思います。

1　支配的価値観への批判
2　貧困と経済的不平等の解決
3　気候変動・資源枯渇への対応
4　企業倫理と透明性の向上

5　労働者の権利と福祉の改善
6　ダイバーシティとインクルージョンの推進
7　地域社会とコミュニティの生成

これらはそれぞれに排他的なものではなく、クリティカル・ビジネスの事例によっては、複数の要素を含んだものもありますが、ここでは単純化のため、それぞれの事例を一つ一つの要素に対応させせて紹介していきましょう。

1. 支配的価値観への批判

フォルクスワーゲン社による「Think Small」キャンペーン

最初の事例として取り上げたいのが、1950年代の終わりに米国で展開されたドイツのフォルクスワーゲン社による「Think Small」の広告キャンペーンです。広告関係者のあいだでは伝説的な事例としてよく知られるこのキャンペーンは、クリティカル・ビジネスの最初期の事例と言えます。

「大きければ大きいほど良い」という価値観への反抗

当時、米国では自動車は大きければ大きいほど、豪華であれば豪華であるほど売れると考えられていましたが、そのような状況の中、フォルクスワーゲン社は、あえて市場の趨勢とは真逆の方向で「Think Small＝小さいことについて考え直そう」という市場導入のキャンペーンを展開しました。

1950年代の米国は第二次世界大戦後の好景気に沸く繁栄の時代にあり、大型車が象徴となるような消費文化が隆盛を迎えていました。自動車は「とにかく大きければ大きいほど良い」と考えられ、自動車メーカーは、そのような社会の風潮に対してアファーマティブに対応し、次から次へと大型車を発売し、自動車の肥大化に歯止めがかからない状況でした。当時はあの保守的なメルセデス・ベンツですら、航空機の垂直尾翼のような奇妙な羽根を付けたセダンを米国で販売していたのです。そうでもしないと売れなかったのですね。

そのような時代風潮の中で展開されたのが「Think Small」のキャンペーンでした。

このキャンペーンはもちろん、フォルクスワーゲンという自動車の小ささを訴えるものではありますが、その核心は「必要にして最小なものだけを持ち、無駄を省くことの豊かさについて考え直そう」という、今日の言葉で表現すれば「ミニマリズム」に関する価値観や哲学を伝えるものでした。

なぜ、この提案がクリティカルなのでしょう？　この広告が、当時のアメリカの主流的な文化、すなわち大きくて豪華でゴテゴテしているものほど良い、という価値観への明確な反抗＝アンチテーゼだったからです。

この反抗的提案は、必ずしも市場の多数派の支持を得られるものではなかったかもしれませんが、だからこそ、彼ら主流派の人たちが無意識のうちに受け入れてしまっている価値観について再考する機会を与えると同時に、そのような主流の消費文化について違和感を覚えていた一部の人からの強い共感と支持を得て、彼らが自分の価値観について再確認し、自信を持つためのきっかけともなりました。

このキャンペーンは、戦後のアメリカの消費文化において、単なる商品の宣伝を超えて、広告コミュニケーションとそれに付随する消費行動が、社会的・文化的な運動としての側面を持つことができうる、という可能性を示したのです。

広告がメッセージの価値観を端的に表現している

もう一つ、自動車の写真が小さく掲載され、端的に「Think Small」とだけ訴える広告コミュニケーションのあり方もまた、当時の主流の方法論に対する反抗だったと言えるでしょう。当時、米国において主流だった自動車広告では、その自動車を購入することによってあたかも人生や生活が一変するような物語のシーンを描くことが主流となっており、コミュニケーションの焦点は「自動車に関する事実」を伝えることよりもむしろ、一種のファンタジーを抱かせることに当てられていました。

一方で、フォルクスワーゲンによる「Think Small」の広告ビジュアルでは、情報が極限まで削ぎ落とされ、スペースの大半が余白となっています。通常、余白というのは「情報がないスペース」ということになるわけですが、逆にこの広告では、この余白こそが豊かな意味を生み出しています。江戸時代中期を代表する絵師、土佐光起が「余白も模様のうちなれば心にてふさぐべし」という有名な言葉を残していますが、この広告の大きな余白のスペースもまた、大きくて豪華な自動車ほど良いという強迫から解放された自由な精神が持ちうる心の余裕＝Space of Mindを象徴的に表現しているのです。

まとめれば、フォルクスワーゲンによる「Think Small」のキャンペーンは、クリティカル・ビジネスの実践として、最も初期の事例の一つとみなすことができるでしょう。

2. 貧困と経済的不平等の解決

グラミン銀行

1983年、ムハマド・ユヌスによってバングラデシュに設立されたグラミン銀行は、金融業界におけるクリティカル・ビジネスの代表的事例として、世界的に注目されています。

「業界の常識」にチャレンジする

グラミン銀行が事業をスタートする以前は、担保を取ることのできない貧困層への融資は、リスクが高過ぎて回収できないと考えられ、アファーマティブ・ビジネスの金融機関は、彼らを対象にした融資を避けていました。

その結果、バングラデシュの貧困層は、金利が100％以上にもなる高金利の金融サービスに手を出さざるを得ず、金利負担によってますます貧困に陥っていくという負の連鎖が起きていました。

そのような状況の中、グラミン銀行は、バングラデシュの貧困層、それも主に女性を対象に低金利の無担保融資の金融商品を提供し、それがビジネスとしてちゃんと成立することを証明したのです。

では、グラミン銀行のどのような点がクリティカルだと言えるのでしょう？　二つあると思います。

一点目に、アファーマティブ・ビジネスの世界において定石とされていること、タブーとされていることに果敢に挑み、その前提を実践によって破壊したという点です。先述した通り、グラミン銀行が成功する前、世界中の金融機関のほとんどは、貧困層に対する融資は回収が難しく、顧客として魅力的ではないと考えていました。

この常識に対して挑戦するため、ムハマド・ユヌスは、１９７６年、大学内の限定的なプロジェクトとして一部の地域で貧困層に対する融資を行い、この融資の回収が滞りなく成功したことを受けて、少しずつプロジェクトの規模を拡大し、最終的にこれをビジネスとして運営するための銀行を設立しています。

最初はサイドプロジェクトとして始めて、うまく行きそうだということがはっきりしてから会社にしている、というところがミソです。クリティカル・ビジネスのアクティヴィストの行動様式については次章であらためて説明しますが、ここで頭出しをしておけば「とりあえず手元にあるもので始める」というのは典型的に見られる行動様式の一つです。

アファーマティブ・ビジネスの人々が「リスクがあってできない」という常識に縛られている中、「まずは少しずつでいいから試してみようよ」と言って動き出し、貧困層であっても融資の魅力的な対象となり得ることを証明した点は、非常にクリティカルであると言えます。

「顧客に応える」のではなく「顧客を鍛える」

二点目は、融資の対象となる顧客を、批判・啓蒙・教育する対象として捉えているという点です。アファーマティブ・ビジネスの金融機関はなぜ貧困層への融資を嫌がったのでしょうか？　それは、過去に貧困層に融資した際、融資の対象となった人々が、しばしば短期的な快楽や贅沢のために融資で得たお金を使ってしまい、貧困を脱することはおろか、返済することすらできなかった、という痛い経験をしてきたからです。

グラミン銀行は、この問題を解決するために、融資の際、顧客である借り手に対して「16の決意」と呼ばれる生活規律を求め、これを約束させることで、顧客の生活様式を大きく改善することに成功したのです。

貧困はもちろん経済的な問題であり、お金を与えることが当面の解決にはなりますが、根本的な原因は本人の生活様式・生活習慣に根ざしていることも多いため、この点を改善しなければ本質的な問題の解決には至りません。グラミン銀行の画期的にクリティカルだった点は、貧困という問題を「お金の不足」と捉えるのではなく、生活様式・生活習慣が絡んだ複雑なシステム問題として捉え、融資と同時にこの点を改めることを顧客に強く求めたことです。

この「16の決意」には、たとえば「無駄な支出をしない」「衛生的な生活をする」「子供に教育を施す」といった項目が含まれており、これらを実践することで貧困を脱出するための規律ある生活を送ることが促されます。

グラミン銀行による、このアプローチは、経済活動への参加を促し、経済的自立を支援することで、貧困のサイクルを断ち切る可能性を示しました。また、教育や健康、居住条件の向上への再投資を奨励することで、長期的な社会的発展を促進し、経済的不平等を緩和する手段となったのです。

3. 気候変動・資源枯渇への対応

Patagonia（パタゴニア）

クリティカル・ビジネスの筆頭となる実践例

クリティカル・ビジネスの世界代表とも言っていい企業であるパタゴニアについては、あえてここで取り上げて説明するまでもないかもしれません。

あらためて確認すれば、パタゴニア（Patagonia）は、1973年にイヴォン・シュイナードによって設立された、カリフォルニア州ヴェンチュラに本社を置く、アメリカのアウトドア用品ブランド……というのが通り一遍の説明ということになりますが、パタゴニアという組織体を過不足なく表現する言葉としては実に不適切だと思います。パタゴニアは、もちろん、アウトドア用品を製造し販売する企業ではありますが、それはむしろパタゴニアにとっては手段の位置付けでしかなく、存在の中心には「自然環境を保護する」という社会運動があります。「社会運動・社会批判としての側面を強く持つビジネス」というクリティカル・ビジネスの定義に照らせば、パタゴニアはまさにその筆頭に位置付けられる企業だと言えるでしょう。

同社は世界で最も早い時期から、環境への影響を最小限に抑えた素材の使用を目指し、たとえば、リサイクルポリエステルやオーガニックコットンを使用した製品を展開することで、持続可能な資源の活用を推進しています。

さらに、パタゴニアは「修理と再利用」の推進にも積極的です。製品の長期使用を促進するための修理サービスを提供したり、中古品の取り扱いを推進したりすることで、消費社会の問題を指摘し、製品のライフサイクルを延ばす取り組みを行っています。

といったことについて多くの人がすでにご存知だと思いますので、ここではあまり知られていない、パタゴニアの取り組みについて紹介しておきましょう。

本業とは相乗効果を見出しにくい活動にもコミット

注目するべきなのは、パタゴニアが「自然環境を保護する」という同社のミッションを推進するために、本業とは相乗効果の見出しにくい広範な領域にわたる活動に、さしたるアピールをすることもなく持続的にコミットしている、ということです。いくつか取り上げて紹介しましょう。

環境保護の取り組み

パタゴニアは、1970年代初めにヴェンチュラ川を守るためのコミュニティ連合「フレンズ・オブ・ザ・ヴェンチュラ・リバー」の設立に貢献しました。1986年には、総売上の1％または利益の10％を環境非営利団体に寄付するという持続可能性へのコミットメントを行い、これを40年近く続けています。1988年からは、環境問題に対する意識を高めるために年間キャンペーンを行っており、その初めての取り組みはヨセミテ渓谷の非都市化でした。これらの活動を通じて、パタゴニアは環境保護を支援しています。

政治的立場とパートナーシップ

パタゴニアは、自社の信念に沿わないパートナーシップから距離を置く姿勢を明確にしています。たとえば、トランプ政権が2018年に導入した税制改革により得た1000万ドルの利益を、同社は気候変動に取り組む団体に全額寄付し、この税制改革を「無責任」と批判しました。また、パートナー施設で働く移民労働者の雇用条件を守るための取り組みも行っており、社会的責任プログラムを通じて、エコ意識の高いパートナーシップを求めています。

ベンチャーキャピタル活動

2013年、パタゴニアは「ティン・シェッド・ベンチャーズ」というベンチャーキャピタルファンドを設立しました。このファンドは、パタゴニアのミッションに沿った革新的なスタートアップに投資することを目的としており、環境および社会変革にポジティブな影響を与えることを目指しています。これまでに草原の再生に貢献する牧畜会社や水を使わない洗濯ソリューション、漁網の回収と再利用を行う企業など、様々なスタートアップに投資しています。

環境活動家のためのカンファレンスの実施

パタゴニアは1994年以来、環境活動家を支援するために、「草の根活動家のためのパタゴニアのツール会議＝Tools for Grassroots Activists Conference」を開催しています。この会議は、草の根レベルで活動している環境活動家や非営利団体のメンバーを集め、活動に必要なスキル、コンセプト、インスピレーション、成功事例を提供し、より効果的に活動を進めるための「ツール」を手に入れる機会を提供することを目的としています。

具体的には、この会議では、キャンペーン戦略、ロビー活動、コミュニケーション、ファンドレイジング、コミュニティ組織化、デジタルメディアの活用など、多岐にわたるテーマが扱われています。

1994年以来の毎回の基調講演と有益なカンファレンスのレポートをまとめた書籍『草の根活動家のためのパタゴニアのツール会議』がパタゴニアの店舗・ウェブサイトで購入可能です。本書の執筆にも大きなインスピレーションを与えてくれた書籍であり、興味のある方はぜひ一読をお勧めします。

これらの取り組みを通じて、パタゴニアは単なるアウトドア用品メーカーにとどまらず、環境保護と社会正義をビジネスの中核に置く企業として、世界中で影響力を持っています。

Fairphone（フェアフォン）

フェアフォンの概要についてはすでに本書第一章で述べましたが、あらためてここで確認しておきましょう。フェアフォンが市場に提案しているのは「ライフサイクルを長期化することで資源・環境に関する負荷を低減する」というビジョンです。創業者のバス・ヴァン・アベルは、スマートフォン産業のサステナビリティにアジェンダを定め、この問題を解決するための社会運動としてフェアフォンを設立しています。

最もクリティカルな点は「設定した敵の巨大さ」

フェアフォンはクリティカル・ビジネスの典型とも言える会社で、様々な点から「クリティカルさ」の洞察が得られるのですが、私自身が最もクリティカルだと感じているのが、彼らがターゲットに設定した「敵の巨大さ」です。

あらためて指摘するまでもなく、フェアフォンが敵として設定しているのはアップルやサムスンといった既存のスマートフォンメーカーです。これらの企業はその巨大さゆえに大きな市場支配力を有しており、彼らの設定するルールを変えさせるには同様に巨大な政治的権力を持ってするしかない、と一般に考えられてきました。そのため、これらの企業の設定するルールには、誰も歯向かうことができずにいました。

フェアフォンが問題視したのは、これらの企業が設定する「修理に関するルール」です。従来、修理を検討しているユーザーが取れる選択肢は「メーカーが認めた公式修理サービス」の一択しかありませんでした。ユーザーは、メーカー側が設定した「その他の選択肢を選べば製品に付帯するメーカー保証自体が消えてしまう」というルールを、一方的に認めさせられていたのです。

このような状況下では、メーカーが修理費用を高額に設定できたり、またそうすることで、修理という選択肢を選ばず、新製品に買い替えるという選択肢を選ぶようにユーザーを誘導できたりします。しかし、スマートフォン製造のカーボン・フットプリントは巨大であり、新商品を頻繁に買い替えるような消費のスタイルは環境あるいは資源に甚大な負荷をかけることになります。

多くの人は、このような問題の存在にフラストレーションを感じてはいたものの、相手が巨大な権力を持つ大企業であることから、「仕方がない」「そういうものだ」と諦め、不本意ながら現状を受け入れていたのです。

フェアフォンはそのような状況に対して、まるでジャンヌ・ダルクのように「この状況はおかしい、修理する権利を取り戻そう」と声をあげ、社会運動としてのビジネスを始めたわけです。巨大な権力に怯むことなく、「おかしいと思うことについてはおかしいと声に出す」ことをやったわけで、この点は実にクリティカルでカッコええなと思うわけです。

社会運動の最終的な成果は「政治の動き」としてすでに表れています。フェアフォンによるこのような働きかけを受け、現在、世界各地で修理に関連する制度の見直しが進んでいます。たとえばEUでは2020年11月に消費者の「修理する権利」を保護するための決議が採択され、また米国でも、ニューヨーク州が2023年7月1日に「修理する権利」を保護する全米初の法律を施行し、その他の州も法制化に向けて動いています。

成果を生み出すことに成功した社会運動は必ず社会における構造的なパワーをうまくレ

バレッジしています。フェアフォンの場合、ビジネスにおけるコミュニケーションとして「修理する権利」についての問題意識を世論として高めるのと同時に、政治にも働きかけることで自社に有利になるようなルール改定も実現しているのです。オスカー・ワイルドの言葉を借りて表現すれば、クリティカル・ビジネスのアクティヴィストは「星を見上げながら、ドブの中を這う」ということです。

TESLA（テスラ）

市場の存在しなかった事業を始めた

クリティカル・ビジネスの東の横綱がパタゴニアだとすれば、西の横綱はテスラということになるでしょうか。あらためて確認をすれば、TESLAは、2003年に創業された、電気自動車の製造・販売、クリーンエネルギー製品の開発を主業とするアメリカの企業です。

この会社は、イーロン・マスクによって広く知られていますが、実際の創業者はマーティン・エバーハードとマーク・ターペニングです。イーロン・マスクは2004年に会社に加わり、現在はCEOを務めています。

ではテスラのどこが「クリティカル」なのでしょう？

2003年の創業時点において、ほとんど市場もニーズも存在しない電気自動車にフォーカスを絞ったということです。テスラは、創業時から「化石燃料に依存する文明のあり方に終止符を打つ」というビジョンを掲げています。しかし、テスラが創業した当時、社会においてそのようなことを望んでいる人はほとんど存在しませんでした。

2003年当時の統計を見ると、電気自動車の市場シェアは自動車市場全体の0・01％以下で、実質的に市場は存在しないと言っていい状況でした。一方で、では潜在的なニーズがあったかというと、これも確認できませんでした。多くの人は、自動車による二酸化炭素の排出が気候変動に影響を与えているということは知りつつも、不本意ながら、できるだけ燃費の良いクルマに乗る程度の対処がせいぜいで、電気自動車に乗るなどというラディカルな選択肢は眼中になかったのです。

2000年代の初頭、いくつかの日本の自動車メーカーはコンサルティング会社に電気自動車市場への進出の是非について意見を求めていますが、ほとんどのケースで「参入は時期尚早である」という結論だったと聞いています。結果として、多くの企業は進出を見送ったわけですが、そんな中、スタートアップとして電気自動車の市場に参入するという、アファーマティブ・ビジネス・パラダイムの枠組みから考えれば暴挙とも言える展開に打って出たテスラは、創業からたった20年で世界最大の時価総額を持つ自動車会社になってしまったのです。

2000年代の初頭において電気自動車の市場機会に悲観的な見通しを持つことは、アファーマティブ・ビジネス・パラダイムの枠組みを前提にすれば極めて合理的なことでした。しかし、その合理的な判断が、大きな機会損失を生み出しているのです。

予測はどうせ外れる

私が再三にわたって指摘していることですが、未来予測はまず当たりません。いま、手元にある2000年代当時の自動車業界に関するレポートや予測をあらためて確認してみると、電気自動車の未来については極めて悲観的な見通ししか述べられていません。当時は、電気自動車に関連する諸々の技術やインフラはまだ未成熟な段階にあり、たとえばバッテリーのコストやパフォーマンス、社会における充電インフラの整備、市場浸透を加速するような政策の欠如、市民や行政における未成熟な環境意識……といった要素により、電気自動車が広範に市場に普及するのは「まだ当分のあいだはない」というのが大半の予測でした。結論として、2000年時点での電気自動車市場に対する予測は、今日見られるような急速な成長や普及率には懐疑的であり、多くの課題が指摘されていました。

そのような状況の中、無名のスタートアップ企業に過ぎないテスラが、実用に足る航続距離、十分な動力性能を持ち合わせたモデルを提供することで、電気自動車が日常的な移動手段として十分に実用的であることを世界に示し、そこから市場が新たに開発されることになりました。

顧客のニーズや欲求に合わせるのではなく、むしろその水準をアップデートするようなマーケティング・コミュニケーションによって新たに市場を作ったのがテスラです。彼らの取り組みは、クリティカル・ビジネス・パラダイムを実践する上で、様々な示唆を与えてくれます。

4. 企業倫理と透明性の向上

The Body Shop（ザ・ボディショップ）

元祖クリティカル・ビジネス

企業倫理と透明性という観点から共有したいのが、創業期における一連のザ・ボディショップのイニシアチブです。現在では創業者のアニータ・ロディックの手を離れ、ずいぶんと昔の過激でラディカルな印象は薄まった感がありますが、1976年の創業時からしばらくのあいだ、ザ・ボディショップの打ち出すイニシアチブはいつもセンセーショナルでした。

あらためて沿革を説明すれば、ザ・ボディショップは1976年にイギリスでアニータ・ロディックによって創設され、15年後の1991年には全世界七大陸に600店舗を数えるまでに急成長しました。

同社の画期的な点をいくつか記せば、次のようになります。

反動物実験

動物実験に反対する姿勢を強く打ち出し、自社製品の研究開発において動物実験を行わないというポリシーを採用した

フェアトレード

原材料の供給元として途上国のコミュニティと直接取引を行い、公正な価格で商品を購入することで、生産者の生計向上やコミュニティの発展に寄与することを目指した

再利用可能な容器

環境問題への配慮から、店舗で製品のリフィル（詰め替え）を提供することで、容器の再利用を奨励した

自然由来の成分

製品の原材料として自然由来の成分を使用することを強調し、化学物質の使用を最小限に抑えた

社会運動への関与

製品の販売だけでなく、人権、環境保護、動物の権利などの社会的な問題にも関心を持ち、これらのキャンペーンを積極的に行った

透明性

企業の取り組みや価値観を消費者に対して明確に伝えることで、企業と消費者との信頼関係を築くことを目指した

これらの取り組みのほとんどが1976年の創業当初からのものであることを考えれば、アニータ・ロディックがいかに時代に先駆けていたかがよくわかります。

ちなみに私はフォルクスワーゲン・ゴルフⅡというクルマがいまでも大好きなのですが、ザ・ボディショップを上場させて大金持ちになったにもかかわらず、高級車に買い替えることもなく、それまでずっと乗り続けてきた中古のゴルフⅡを変わらず通勤に使い、Tシャツとパンで颯爽と会社に乗りつけるアニータ・ロディックの姿を子供の頃に見てシビれてしまった、ということが大きく影響しているように思います。

打ち出しているビジョンに「顧客ベネフィット」が含まれていない
まあ、それはともかくとして、先ほどのザ・ボディショップのイニシアチブのリストを見て何か気づくことがありませんか？　そう、これらはすべて「顧客のベネフィット」に直結していないということです。

たとえば「動物実験をやらない」というポリシーは、別に顧客のベネフィットに関係しません。動物愛護に関心のない顧客からしてみたら「動物実験をやらない……？　だから何？」と思われても仕方がないでしょう。他のイニシアチブにしても同様で、これらは直接的にも間接的にも顧客のベネフィットにつながりません。つまり、化粧品としての「機能的価値」とは何ら関係がないのです。

この点について、アニータ・ロディックには確信があったようです。彼女は創業当初、次のような言葉を残しています。

魔法の薬、奇跡の施術、若返るクリームなどというものはありません。スキンケア製品に期待できるのは、汚れを落とし、磨き、保護すること。ただそれだけです。

当時から現在に至るまで、化粧品の広告には「美しい女性の写真」が使われることが通例ですが、アニータ自身は、これに強い違和感を持っていたようです。自社の製品も含め、化粧品には人を美しく変えるような効力はなく、化粧品の使用によって広告モデルの女性のように自分もなれるかもしれない、と勘違いさせるのは一種の詐欺である、というのがアニータの考えでした。

また、アニータにとっては、女性の美しさが「外面的なもの」「年齢的なもの」だけによって決定されることを訴えるようなマーケティング・コミュニケーションのあり方も許しがたいものでした。彼女にとって「美しい女性」というのは、内面的な知性と情緒が外面にも溢れ出ている女性であり、その筆頭として挙げられるのは化粧を全くしないマザー・テレサでした。

つまり、アニータ・ロディックは、それまで化粧品業界で常識とされてきた、あらゆる「成功方程式」に対してアンチテーゼを唱えたということです。それでも、ザ・ボディショップは大成功しました。創業直後から10年以上、年率50％以上の爆発的成長を続け、15年後の1991年には全世界で600店を数えるまでになったのです。機能的価値についての差別化が非常に難しい状況の中で、意味的価値による差別化に成功したブランドが、いかに大きな顧客の支持を集めることができるかということをザ・ボディショップの事例は示しています。

意味のオセロで敵をひっくり返す

さらに指摘すれば、ザ・ボディショップが「我々は動物実験をやらない」と宣言することと自体が、従来の化粧品産業に対するとても効果的な攻撃になっていた、という点にも注意が必要です。「我々は動物実験をやらない」ということが宣言されるということは、通常の化粧品会社は動物実験をやっている、ということでもあります。そして、このメッセージに触れた人々は「自分がいままでに何気なく買っていた大手化粧品会社は動物実験をやっていたのか……ということは、自分がその化粧品会社から化粧品を買うということは、間接的に動物が殺されることに自分が加担していたということだ」と考えるでしょう。

ザ・ボディショップがイニシアチブの宣言によって「ポジティブな意味」を獲得したのと同時に、競合の既存化粧品メーカーは「ネガティブな意味」を背負わされてしまったわけです。

これは大変、効果的であり、かつしたたかなアプローチです。もし同様の批判を社会運動としてやろうとするのであれば、大手化粧品メーカーの本社の前で「動物実験反対」のプラカードを掲げてシュプレヒコールを上げるという手もあったでしょう。しかし、その声がどれくらい消費者や社会に届いたでしょう。当時はまだ、社会の情報流通を4マスメディアと大企業に牛耳られていた時代です。たとえ届いたとしても、それはごくごく一握りの人たちでしかなかったでしょう。

さらに加えれば、名指しでそのような批判をすれば、批判の根拠となる確認事実の提出を求められ、場合によって訴訟に持ち込まれるリスクもあります。このようなリスクを巧妙に避けながら、効果的に「マイナスの意味」を既存の産業に植え付けていったアニータのアプローチは非常にクレバーだったと思います。効果的な社会運動のアクティヴィストは綺麗事を虚しく訴える「ナイーブな青年」ではありません。彼らは常にしたたかで実効性のあるアプローチを取るものですが、アニータ・ロディックはそのわかりやすい実例と言えるでしょう。

総じて、ザ・ボディショップの創業当初からの取り組みは、商業的な成功だけでなく、社会的・環境的価値の実現を目指すクリティカル・ビジネスの模範となっています。業界の慣習に疑問を投げかけ、新しい価値や規範を提案するその姿勢は、クリティカル・ビジネスの実践における一つの典型例と考えることができます。

5. 労働者の権利と福祉の改善

モンドラゴン協同組合

協同組合にして企業連合体

モンドラゴン協同組合は、スペインのバスク地方に根ざした、世界で最も成功している協同組合の一つです。その起源は1956年に遡り、地元のカトリック聖職者であり技術教師でもあったホセ・マリア・アリスメンディアリエタによって設立された技術学校に端を発しています。

現在のモンドラゴン協同組合は、製造、金融、教育、小売などの領域で多様な事業を展開しており、グループ内に200以上の企業を擁し、売上高は120億ユーロ、従業員数は8万人以上を数え、バスク自治州において最大の企業グループとなっています。

では、モンドラゴン協同組合のどこがクリティカルなのでしょうか。ポイントは三つあると思います。

一つ目が「労働者所有の協同組合」という点です。モンドラゴンは、労働者が所有し経営に参加する協同組合です。つまり、通常の企業でいう株主が従業員なのです。したがってモンドラゴンでは、ステークホルダー資本主義でよく議論になる「資本家と労働者の対立」という構造が原理的に存在しません。この資本構造により、労働者の権利と福祉が重視され、企業の意思決定においても労働者の声が反映されるガバナンスが実現しています。

二つ目が「民主的な意思決定」という点です。モンドラゴンを構成する95の組合にはそれぞれ、通常の企業でいうCEOの役割に相当するマネージングディレクターが置かれますが、経営戦略の策定、報酬水準の決定、次期経営者の選出といった多くの重要な決断は組合員自身による投票で決まっています。そして組合員である限り、マネージングディレクターから工場労働者まで等しく同じ一票の投票権を持ち、票の重みに差はありません。

三つ目が「利益の分配性向」という点です。獲得した利益は、再投資、従業員への利益分配、社会的プロジェクトへの寄付など、多方面に再分配されます。最も給与の高い取締役でも、支払われる給与は、最も給与の低い従業員の6倍以内と決められており、また、外部の株主は存在しないため、外部への配当はありません。

モンドラゴン協同組合は、単に経済的な成功を追求するだけでなく、労働者の権利の保護、社会的公正、環境責任など、幅広い社会的価値を重視しています。これらの特徴は、クリティカル・ビジネスの理念と一致しており、ビジネスを通じてより良い社会を目指す取り組みとして評価されています。

なぜ経営者の報酬は上がり続けるのか？

モンドラゴン協同組合の様々な取り組みは、組織や経営のあり方について、いくつかクリティカルな問いを私たちに突きつけています。

一つは、昨今上昇するばかりでとどまることを知らない経営者の報酬について、本当にもらっている報酬額を説明できるのか？という問題です。

ワシントン大学の社会学者であるゼイク・ローゼンフェルドは、様々な研究結果・実証データを用いながら、経営者の高額な報酬を合理的に説明することは原理的に不可能だと指摘しています。では経営者の報酬はどのように決まっているのか？　ローゼンフェルドの研究結果を端的に表現すれば「市場の趨勢に照らして、強権的に」ということになります。要するに現代の経営者の報酬額は一種の「決めごと」であり、労働対価という観点から合理的に説明できるようなものではない、ということです。

しかし、もしそうなのだとすれば、モンドラゴン協同組合の方法である「マネージングディレクターの報酬額は最低賃金の6倍以内」というのもまた、同様の「決めごと」であると考えることができます。最低賃金の100倍と6倍の違いは何によって生まれているのか、それは「そう決めたから」ということでしかないということです。

モンドラゴン協同組合が私たちに突きつけるクリティカルな問いの二つ目は、その意思決定のあり方です。

先述した通り、モンドラゴン協同組合において、経営上の重要事項は、組合員全員の投票によって決定されます。これは通常の企業における意思決定のあり方とは著しく乖離しているわけですが、しかし逆に、このようには考えられないでしょうか？　なぜ、通常の企業では、大勢の組織構成員から選び抜かれたごく少数の人々で意思決定する仕組みになっているのか？と。

歴史的な経緯として、組織がごく少数の選良によって運営されるようになったのは、意思決定に必要な情報の質と量を多くの人々と共有することが難しかったからです。しかし、現在は情報技術の進展によって、このような制約条件は解除されています。であれば、なぜ私たちは、100年前の情報技術が貧弱だった時代と同じ意思決定のやり方を、いまも続けているのでしょうか？

明治時代の人をタイムマシンに乗せて現在の社会に連れてくれば、見るもの聞くものすべてに驚愕するでしょう。しかし「ああ、ここは我々の時代と変わらない」という場所がおそらく三つあります。国会の議事、企業の取締役会、学校の教室です。

そして、これらは主として「情報をやり取りするための場」でもあります。情報技術がこれほどまでに進んだにもかかわらず、社会において最もクリティカルな「情報をやり取りする場」である、これらの三つの場所にさしたる変化が見られないというのはいったいどういうことなのでしょう。「システムは常に、表の目的ではなく、裏の目的に対して最適化されている」というシステム思考家の第一条を思い返せば、その理由は明白でしょう。

私たちは、私たちが当たり前だと思って甘んじて受け入れている、非人間的なシステムをあらためてクリティカルに考察しなければなりません。「馬鹿馬鹿しいほどに高額な経営者の報酬」と「企業における非民主的な意思決定のあり方」は、人目につかないテーブルの下で手を取り合って両者を支え合っています。

この理不尽なシステムが持続可能でないということは昨今、多くの識者がすでに指摘していることではありますが、どのようなシステムによってそれを代替することができるのかを考えるのは容易なことではありません。モンドラゴン協同組合の取り組みは、私たちに「現在のシステムではない、別の可能性」について考えるための、明るいパースペクティブを与えてくれるものです。

モンドラゴン協同組合は、ただのビジネスモデル以上のものです。それは社会経済的な実験であり、共同体としての連帯、公平性、そして持続可能性の価値を組み込んだ革新的な取り組みです。その成功は、企業が社会的責任を果たしながらも経済的に繁栄することが可能であることを世界に示しています。

6. ダイバーシティとインクルージョンの推進

―ＩＫＥＡイスラエルによる「ThisAblesプロジェクト」

発信力のないマイノリティの声を代弁する

ダイバーシティとインクルージョンの推進というテーマで共有したいクリティカル・ビジネスの事例が、ＩＫＥＡイスラエルによって主導された「ThisAbles」のプロジェクトです。「ThisAbles」とは、「障害」を意味する英語「Disables」の同音異義となるＩＫＥＡの造語で、意訳すれば「これでデキる」といったニュアンスになるでしょうか。

いったいどんなプロジェクトなのでしょうか？　一言で言い表せば「ThisAbles」プロジェクトは、健常者用の家具を、身体に障害がある人でも使えるようにする、というものです。

私たちにとって当たり前のように使いこなせる家具の多くは、身体に障害がある人にとって大きな問題となります。たとえば脳性麻痺がある人々は下肢の筋力が弱いため、健常者であれば難なく立ち上がれるような座面の低い通常のソファでも、いったん座ってしまうと立ち上がれなくなる恐れがあります。

そのため、障害者用の家具を使わざるを得ないことが多いのですが、これらの家具は往々にして医療器具のように無機質な外観で、価格も高価であることが多いのです。

そこでＩＫＥＡは、自分の気に入った家具を障害者でも使用することができるように家具を改変するためのアドオン製品を無料で配布することを始めたのです。

それだけではありません、ＩＫＥＡは、店舗にアクセスすることが難しい顧客のために、このアドオン製品のプリントデータを公開し、顧客が自由に３Ｄプリンターを用いてアドオンを作成することを可能にしたのです。地理的な制約条件によって排除されていた人にアクセスを提供したという点で、この点も「インクルージョン」という観点から評価できます。

自分のお気に入りの家具に囲まれて暮らしている、というのはささやかではありますが幸福の基底をなす切実な環境条件でもあります。身体に障害がある人々は、この基本的な環境条件にアクセスすることができない状態にあったわけですが、ＩＫＥＡによるこのプロジェクトによってアクセスが可能になったのです。

では、このプロジェクトのどのような点がクリティカルなのでしょうか？　三つあると思います。

一つは、これまで社会的に無視されてきたマイノリティの人たちの悩みを取り上げた、という点です。健常者が何気なく使う普通の家具の使用に不便さを覚える人たちは人口の10分の1ほど存在すると言われていますが、この問題はその「普遍性の低さ」ゆえに、これまで共有されることなく、したがって当然のことながら解決に向けたイニシアチブがとられることもありませんでした。

社会運動が担うべき大きな役割の一つとして、発信力を持たない社会のマイノリティの人たちの抱える悩みや問題を広く社会に向けて告げ知らせる、ということがあります。IKEAはまさにそれをやったわけで、この点から、このプロジェクトは極めて社会運動的でクリティカルな側面を持っていると言えます。

さて次に、このプロジェクトのクリティカルな点として二つ目に指摘したいのが「空間軸の捉え方」です。先述した通り、普遍性の低い問題は、仮にそれが解決されたとしてもビジネスとしての魅力が小さいため、市場原理の枠組みの中ではなかなか対処することができません。しかし、IKEAイスラエルはこの「人口の10分の1」を対象にしたプロジェクトによって、売上・利益をともに30〜40％上昇させるという大きな経済的インパクトを生み出したのです。

グローバル市場を意識すると「マイノリティの巨大市場」が浮かび上がる

なぜ、普遍性の低い問題であったにもかかわらず、大きな経済的インパクトを生み出すことができたのでしょうか？　答えは「空間軸を広げたから」ということになります。確かに、単一の市場で見た場合、社会全体の10分の1しか対象にならないのであれば魅力的な市場とはなり得ないでしょう。しかし、これをグローバルに拡大してみればどうでしょうか？　世界全体の10分の1が顧客になるのであれば、それは巨大な市場になり得るでしょう。

ＩＫＥＡイスラエルはもちろんイスラエルという市場を中心に事業を展開している企業ですが、このThisAblesのプロジェクトで提供されたアドオンの３Ｄプリンター用のデータは、本書執筆時点ですでに１３０以上の国でダウンロードされています。ＩＫＥＡ全体でも事業展開をしている国数は60前後ですから、単純計算でいえば、市場としてアクセスできる国の数がこのプロジェクトを通じて一気に倍以上に広がったわけです。このプロジェクトが大きな経済的インパクトを生み出したのは当然のことだと言えるでしょう。

ＩＫＥＡによるThisAblesのプロジェクトは、これまで市場原理によって解決することが難しかった「普遍性の低い問題」も、空間軸を大きく捉え直し、「普遍性は低いけれども、グローバルにあまねく存在する問題」として再設定できれば、非常に大きな経済的インパクトをもたらす魅力的な事業機会になり得る、ということを示しています。そして、この示唆は特に、人口の増加が望めず、多くの領域で市場の成長が期待できない日本という社会を中心に事業を展開している私たちにも、明るいパースペクティブを与えてくれます。世界に目を向ければ、未解決の問題はまだいくらでもあるのです。

最後に、このプロジェクトのクリティカルな点として三つ目に指摘したいのが、プロジェクトのステークホルダーの働き方です。まず、このプロジェクトは、ＩＫＥＡ単体によるイニシアチブではなく、非営利団体のミルバット（＝Milbat）とアクセス・イスラエル（Access Israel）との協働によって運営されています。また、アドオンのデザインや設計データはオープンソースとして公開されており、より良いデザイン、より良い設計を思いついた人がいれば、誰でもそのアイデアをデータに反映することができるようになっています。また、デザインの改変においては、しばしば実際のユーザーである障害者のフィードバックが反映されています。

クリティカル・ビジネスの実践において、顧客はただ単にサービスや製品を購買・消費するだけでなく、社会運動のアクティヴィストとして協働する、ということはすでに述べましたが、このプロジェクトではまさに、外部の協力者や顧客は、社会運動の協働者＝アクティヴィストとしてこのイニシアチブに参画しているのです。

最後に一言加えるとするなら、ＩＫＥＡによるThisAblesのプロジェクトは、私たちに

「思いやり」の重要さをあらためて指し示しているように思います。システム思考を方法論として取りまとめた最初期の人物の一人であるドネラ・メドウズは、著書『世界はシステムで動く』において次のように語っています。

複雑なシステムの世界で上手に生きていくということは、時間軸と思考の範囲を広げるだけではなく、結局のところ、思いやりの範囲を広げるということです。

——ドネラ・メドウズ『世界はシステムで動く』

安全・快適・便利という基本的価値をすでに充足してしまった私たち日本の社会では問題は希少化しているように思えます。しかし、耳を澄まし、目を凝らし、時間軸と空間軸を拡げて世界を眺めてみれば、解決しなければならない問題はまだたくさんあるのです。それらの問題を見出し、解決していくためには何より「思いやり」が必要だ、というメドウズの言葉は、私たちが失いかけている大事なものについて考えるきっかけを与えてくれるように思います。

7. 地域社会とコミュニティの生成

Brunello Cucinelli（ブルネロ・クチネリ）

イタリア発祥のカシミアブランド、ブルネロ・クチネリもまた、クリティカル・ビジネスの一例と考えることができるでしょう。

ブルネロ・クチネリは、創業者ブルネロ・クチネリ氏によって1978年に創業し、カシミアニットを主軸にしたラインを展開し、現在ではエルメスと同等の格付け評価をされるほどのトップクラスのラグジュアリーブランドに成長しています。

本書ではこれまで折に触れて、クリティカル・ビジネスを実践するアクティヴィストには、哲学者やアーティストのように社会をクリティカルに眺め、考えるという資質が求められる、と指摘してきましたが、ブルネロ・クチネリ氏はこのような資質を持った経営者の筆頭に挙げられるでしょう。

ヒューマニスト（＝人文主義者）経営者と呼ばれるブルネロ・クチネリ氏の手法について、特に注目したいのが、その地域社会への貢献です。

「場所」もまた意味的価値を持つ

ブルネロ・クチネリは1985年以降、イタリア中部の小さな村、ソロメオの荒廃した14世紀の城を買い取り、これをリノベーションして本社にしています。また、その後も廃墟となっていた教会や劇場を修復したり、哲学ワークショップのための広場を造成したりと、自社のビジネスに直接関わる領域を大きく超えて、ソロメオ村の復興に力を注いできました。

2013年には、地元の高度な職人技を次世代へ受け継いでいくためにソロメオ村に「現代高度芸術工芸学校＝Scuola Di Aritigianato Contemporaneo」を開校しています。クチネリ氏は、この学校の開校について、19世紀イギリスのデザイナー・社会思想家のジョン・ラスキンとウィリアム・モリスの著作に大きなインスピレーションを得たとインタビューで答えています。ここにも「人文経営者」の片鱗が表れていますね。

この学校の学費は奨学金で免除され、生徒たちには給与も支給されます。卒業後の進路は生徒の自由に任されており、ブルネロ・クチネリに就職することは必ずしも入学条件ではないそうですが、多くの学生はブルネロ・クチネリへの入社を希望すると聞いています。というのも、同社はイタリアの平均給与の二割増しの報酬を支払うことで知られている上に、社内における職人の地位が非常に高いことで知られているのです。学校を卒業してブルネロ・クチネリに入社して働く彼らは「工場の労働者」ではなく「芸術家」として扱われており、ゆえにブルネロ・クチネリの社内では敬意を込めて「アルティジャーニ」と呼んでいます。

また2021年10月末には、新たなプロジェクトとして「ソロメオ・ユニバーサル・ライブラリ」の建設を発表しています。ローマ皇帝であり哲学者であったハドリアヌス帝を敬愛するブルネロ・クチネリ氏は「書物は人生の指標」と言います。クチネリ氏は、自らが書籍から得た叡智をより多くのソロメオの人にも分け与えたいと考え、哲学、建築、文学、工芸の領域に関連する膨大な蔵書を有する図書館をソロメオに作ることにしたのです。

驚くべきはこの図書館の蔵書数で、計画では40万〜50万冊になるということです。これは日本でいうと県庁所在地の市立図書館の蔵書数と同等ですが、それを一企業が、しかも人口たった500人の町に作ろうというのですから、なんとも贅沢……まさにラグジュアリーです。

これらの取り組み自体はよく知られており、ブルネロ・クチネリに関してご存じの人からすれば「何をいまさら」と思われたかもしれません。しかし私には、ブルネロ・クチネリが示すソロメオという地域への強いコミットメントが、同社の意味的価値に大きく寄与していると考えているのです。

見過ごされがちですが、「場所」は意味的な価値を形成する上で非常に重要です。今日ではあまり意識されることはありませんが「パタゴニア」という言葉はもともと、南米コロラド川以南の地域を示す単なる地名だったのです。人跡未踏の手付かずの自然が残っているこの地域の神秘的なイメージをそのままブランドの世界観に投影させ、そっくりそのまま自社のバランスシートに無形資産として載せたイヴォン・シュイナードの洞察力には唸らされます。

一方で、ファッションの意味的な重心をなす地域は、イギリスのロンドン、フランスのパリ、そしてイタリアのミラノといった場所に収斂しています。だからこそ、多くのラグジュアリーブランドの本店はこれらの都市にあり、新興のブランドは「一流であること」を示すために、これらの地域に本店を出すことを夢見るわけですが、これは両刃の剣の側面があります。というのも、すでに意味的価値の固まってしまった地域に根城を構えることで、これまで、それらの場所が蓄積してきた意味的価値の影響を大きく受けることになってしまうからです。ブランドが「固有の意味の構築物」であることを考えれば、これは由々しきことです。

しかし、ブルネロ・クチネリはあえて、こういったキラキラした地域を選ばずに、全く無名の田舎町に本社を置き、その地域の復興に力を入れています。このことが「既存のラグジュアリーブランドとは全く違う位置付け、方向性のブランドなのだ」ということを示す象徴的な意味を生み出しているのです。

虚構を維持できない時代におけるブランディングとは

既存の業界の常識や定石に対して批判的に考察し、あえて違う道を選択する。ブルネロ・クチネリによるこれらの地域社会への取り組みは、同社の最もクリティカルな点であると言えるでしょう。というのも、従来型の……ここではあえて「旧型」という言葉を使いたいと思いますが、ラグジュアリーブランドでは、往々にして、最も生産コストの安い地域に工場を設置し、利益の最大化を志向することが多かったからです。

ここで具体名を出すことは避けたいと思いますが、ブルネロ・クチネリと同じイタリアのブランドでも、東欧や中国に製造工場を移転しており、「イタリアのブランド」としての本質が虚構化してしまっているブランドは少なくありません。従来のように、人々が企業についての情報を得られる手段が限られていた時代であれば、こういったブランドでも、マーケティング・コミュニケーションによって「イタリアのブランド」としての虚構を維持することは可能だったでしょう。

しかし、すでに述べたように、デジタルテクノロジーによって社会全体の透明性が上がった結果、これらのブランドが、どこで、どのように生産されているかは世の中に知られることになってしまいました。その結果、ラグジュアリーブランドの市場に大きな質的転換が起きています。現在、このような搾取的構造によって成り立っているブランドほど、そのステータスを維持することが難しくなっているのです。

なぜ、旧型のラグジュアリーブランドの多くが東欧やアジアなどに製造拠点を移したのでしょう？　言うまでもなく、それが利益を極大化させる上での定石だったからです。ところがブルネロ・クチネリは、その真逆のアプローチを取り、イタリア国内の辺鄙な村に、莫大なコストをかけて製造拠点を作り、育んでいます。そして、まさにその営みによって、他のブランドの多くがステータスをずるずると後退させている中で、ブランドのステータスをグローバルトップの水準にまで押し上げることに成功し、高い水準の収益を健全に上げているのです。

既存の業界において常識・定石となっているアプローチに対して、人文学的な見地からこれを批判的に考察し、より人間的な、より持続可能なアプローチをオルタナティブとして示した、という点で、これは非常にクリティカルであったと思います。

第六章 アクティヴィストのための10の弾丸

本章では、クリティカル・ビジネスのアクティヴィストが実践している思考・行動様式を共有したいと思います。本書の前提となったクリティカル・ビジネスの研究プロジェクトにおいて、私は国内外のクリティカル・ビジネスのアクティヴィスト、20名に対して、人事アセスメントに用いられる「Behavioral Event Interview＝活動事例面接」[9]を実施し、コンピテンシーの抽出と分析を行いました。

彼らが発揮していたコンピテンシーの多くは、アファーマティブ・ビジネスの世界において優秀とされる人材のそれと重なるものでしたが、いくつか際立った相違点も認められました。本章では、クリティカル・ビジネスの実践者が発揮しているユニークなコンピテンシーを共有したいと思います。

1．多動する

クリティカル・ビジネスを実践するアクティヴィストに共通してみられる思考・行動様式として最初に挙げたいのが「多動性」です。

クリティカル・ビジネスの成功事例を一つ一つ紐解いていくと、そこに共通して表れる要素があります。それは、クリティカル・ビジネスのイニシアチブを立ち上げるきっかけとなった体験や学習は、すべて偶然の出会いによって生まれているということです。

Airbnbの創業者であるブライアン・チェスキーとジョー・ゲビアの二人は、家賃の支払いに困窮していた際、たまたま付近で大規模なデザイン会議が開催されることになり、市内のホテルがすべて満室になっていて予約が取れないということを知って、自宅のリビ

（9）ＢＥＩ（Behavioral Event Interview）：アセスメント対象者の考え方や行動特性を把握するためのインタビュー手法の一つ。特徴は事前に設問項目が用意されないこと。通常のインタビューでは、インタビュアーが質問項目を準備して聞いていくが、ＢＥＩでは事前の準備はせず、過去の成功体験や事象、あるいは事象に対してどのように取り組んだのか等、誘導を極力排除して聞いていく手法をとる。誘導せずにインタビューを行うことで、インタビュイーが過去の体験などで強く印象に残っているものを自発的に話す環境を作り、その結果として、当人が重要と考えるポイントや価値観を導き出すことができる。設問項目に自己診断で答えるコンピテンシー調査では自己認識の誤りが反映されてしまうが、訓練を積んだインタビュアーがＢＥＩを行うことで、より高い精度のアセスメントが期待できる。

ングスペースを貸し出したところ、これが実に首尾よく売り切れたことから、Airbnb のビジネスモデルの可能性について思い至っています。

Uber の創業者であるトラビス・カラニックとギャレット・キャンプは、2008年にパリで開催されたテックイベントに参加中、タクシーを捕まえるのが困難だった経験から、スマートフォンアプリを使って配車をリクエストするアイデアを思いつきました。

ザ・ボディショップの創業者であるアニータ・ロディックは、国連の職員として世界中の国々を回った際に、多くの国で、その土地で固有に採取される自然由来の原料が美容や化粧に用いられていることを知って、それまでの化粧品産業のあり方について強い疑念を持つようになりました。

これらの事例が共通して指し示しているのは、クリティカル・ビジネスのアクティヴィストたちがイニシアチブを立ち上げるきっかけとなった経験は偶然によってもたらされるということ、そしてさらに指摘すれば、そのような偶然は多くの場合「旅」によってもたらされているということです。慣れ親しんだ日常から離れて、世界を自らにとって新たなもの、奇異なものとしてあらためて眺めるためのきっかけになるのが「旅」です。だからこそ、クリティカル・ビジネスのアクティヴィストにとって「多動性」は非常に重要な要件なのです。

　ここでいう「多動性」は物理的な空間におけるものに限りません。たとえばブルネロ・クチネリは古今東西の思想家の書籍に親しんでいることで知られていますし、無印良品の事実上の創業者である堤清二はフランスの思想家、ジャン・ボードリヤールの著書『消費社会の神話と構造』を読んだことがきっかけで「記号のなさ」を逆手に取った「アンチブランド」のコンセプトに思い至っています。つまり「心を動かすこと＝精神的な移動」もまたアクティヴィストにとって重要な気づきのきっかけになり得る、ということです。

「体を動かす＝物理的な多動」と「心を動かす＝精神的な多動」、両者に共通しているのは「常識の相対化」ということです。誰もが当たり前だと思っていること、そのようなものだと受け入れていることに対して批判的な眼差しを向けるには、自分にとって当たり前だったことをいったん突き放し、ある種「よそよそしいもの」として捉え直すことが求められます。

　ロシアの文芸批評家、ビクトル・シクロフスキーは、慣れ親しんだ日常的な事物を奇異で非日常的なものとして知覚するための手法として「異化」を提案していますが、詩人や劇作家だけでなく、クリティカル・ビジネスのアクティヴィストにもまた、この「異化」が求められているのです。

　なぜなら、新しい問題を生成するためには、自分の世界から抜け出ることが必要になるからです。人は、平和で安逸な日常生活の中から飛び出て未知の世界へ歩み出すことによって、初めて、それまで当たり前のものとして受け入れていた自分の周囲の事物について違和感を覚えることができます。この違和感が「そもそも、なぜこうなっているのだろうか」「もし、違う様態が考えられるとしたら、それはどのようなものだろうか」という問いを生み出すことになり、この問いに対する仮説がクリティカル・ビジネスのアジェンダの苗床になるのです。

2. 衝動に根ざす

世界というフィールドを多動し、リベラルアーツのレンズで社会を批判的に眺めれば、そこに多くの違和感を覚える事象が立ち上がってくるでしょう。これらの事象はすべてクリティカル・ビジネスの機会と考えられるわけですが、では、これらのうち、どれが最も優先度の高いアジェンダになるのでしょうか？

アファーマティブ・ビジネスの枠組みで考えれば、「最も市場機会の大きそうなアジェンダ」ということになりますが、クリティカル・ビジネスのアクティヴィストたちはそのようなアプローチを取りません。彼らは常に「最も心を動かされるもの」を優先度の高いアジェンダとして取り組みます。

クリティカル・ビジネスのアジェンダにはアクティヴィストの実存が反映されている

今回、クリティカル・ビジネスのアクティヴィストたちとのインタビューを通じて、つくづく感じたのが、彼らの掲げているアジェンダは、必ず彼らの実存と根っこでつながっている、ということです。端的に言えば、彼らの掲げるアジェンダには「これが私です」

という要素が常に含まれているのです。

実績を上げたクリティカル・ビジネスのアクティヴィストが掲げるアジェンダが、例外なく個人の実存と深いところでつながっている理由について考えてみましょう。大きく二つあるように思います。

一つ目は、それが運動を粘り強く推進するためのエネルギーになるからです。何らかの社会的問題の解決を目指すというとき、どうしてもやってしまいがちなのが、「共感を求めるあまり、すでにコンセンサスの取れている社会問題をアジェンダとして設定してしまう」ということです。

確かに、すでにコンセンサスの取れている問題であれば、共感を集めやすいですし、ステークホルダーを説得するのも容易かもしれません。しかし、クリティカル・ビジネスの実践は生易しいことではありません。何といっても、それが原理的に「クリティカル＝批判的」である以上、何らかの摩擦や論争が常に活動に付き纏うことになるからです。これはクリティカル・ビジネスのアクティヴィストにとって大きな心理的ストレスになります。

つまり、クリティカル・ビジネスのアクティヴィストは、実践のプロセスの中で必ず大きな反論や抵抗に遭い、自ら「何のために始めたんだっけ？」「何のためにやってるんだっけ？」という問いに向き合うことになるのです。

　このとき、掲げているアジェンダが自分の衝動に根ざしたものでなければ、この心理的ストレスを乗り越えていくためのエネルギーは生まれません。結果的に何らかの成果を生み出すことに成功したクリティカル・ビジネスにおいて、掲げられているアジェンダが、常にアクティヴィストの実存と根っこでつながっている理由の一つ目がこれです。

　クリティカル・ビジネスにおいて掲げられるアジェンダが、アクティヴィストの実存と深いところでつながっている理由の二つ目は、それが最終的に普遍性に開かれているから、ということになります。

　前に紹介したピーター・ティールの言葉をあらためて確認してください。それは「世界に関するアジェンダのうち、多くの人は認めていないが、君自身が重要と考えているアジェンダは何か？」という問いでした。この問いに応答するには高い水準の精神の強度が求められるでしょう。何といっても、自分にとって正しいと思えるアジェンダが、最終的に世界に受け入れられるものになるかどうか、それは誰にもわからないのですから。

　では、どうやって、クリティカル・ビジネスのアクティヴィストたちは、自分にとって大事なアジェンダが、他の大勢の人々が受け入れてくれるものであるかどうか、を判断しているのでしょうか？

　答えを先に述べれば「彼らはそもそも判断などしていない」ということになります。彼らにはある種の確信があるのです。それは「いまは認められていないが、このアジェンダは必ず多くの人の共感を得るものになる」という確信です。なぜ、彼らはそのように確信できるのか？　理由は単純で、まず彼ら自身がそれを確信しているからです。

自分の掲げるアジェンダが、他の多くの人の共感を得るものであるかどうか？　もし、この問いに何らかの判断基準があるのであるとすれば、それは自分自身がどれぐらいの強度を持ってそのアジェンダに確信を持てるか、しかありません。

既存の社会規範ではなく、個人の直感と内面の光を重視して物事を判断することを提唱した米国の思想家、ラルフ・ウォルドー・エマソンは「内心に潜む確信を語れば、それは普遍に通じる」という言葉を残しています。つくづく、いい言葉だと思います。もし他の大勢に受け入れられていないアジェンダであったとしても、自分にとって正しいと確信できるものであれば、それは普遍的なアジェンダになり得る。クリティカル・ビジネスのアクティヴィストである皆さんは、どうかこのエマソンの言葉を忘れないでほしいと思います。

3. 難しいアジェンダを掲げる

今回、一連のインタビューを通じてクリティカル・ビジネスのアクティヴィストがしばしば指摘したアジェンダに関する要件があります。それは「難しいアジェンダほど良い」ということです。今回、インタビューに応じてくれたアクティヴィストたちの多くが、運動の初期段階から非常に難易度の高いアジェンダを掲げ、クリティカル・ビジネスの推進を始めています。彼らはなぜ、実現の容易な「易しいアジェンダ」ではなく「難しいアジェンダ」を掲げるのでしょうか？

インタビューから見えてきたのは、クリティカル・ビジネスにおいては「容易なアジェンダよりも難しいアジェンダの方が達成しやすい」というパラドックスです。なぜ？　理由は三つあります。

1：共感の獲得
2：認知の促進
3：モチベーションの向上

クリティカル・ビジネスの推進にあたって、難しいアジェンダの設定が求められる理由の一つとして、難しいアジェンダであればあるほど、社会から共感を集めやすい、ということが挙げられます。多くの人が諦めている解決の難しい問題、解決によって大きな社会的インパクトの生まれる問題であればあるほど、その問題の解決に取り組むクリティカル・ビジネスのイニシアチブに対して共感してくれる人が多くなります。

クリティカル・ビジネスの推進のエンジンになるのは、経済的利得への期待ではなく、社会的問題の解決への期待です。資本主義に関する原理的考察を残した哲学者のアダム・スミスは、著書『道徳感情論』において、社会を駆動するのは「他者との共感に基づく道徳」である、と指摘しました。社会が本来「共感」によって駆動するものなのだとすれば、クリティカル・ビジネスの実践者はこれを資源として大いに活用するべきです。

クリティカル・ビジネスでは、企業の枠を超えて多くのステークホルダーから能力、時間、知識、スキル等の資源を動員し、イニシアチブの推進を行います。彼らは、アファーマティブ・ビジネスの枠組みとは異なり、経済合理性の範囲を超えて、自らの持っているスキルや知識などの人的資本、あるいはネットワークや信用などの社会的資本を動員し、クリティカル・ビジネスの推進に協力します。彼らを動かしているのは「共感」です。したがって、クリティカル・ビジネスのアクティヴィストにとって「共感の獲得」は最重要の経営課題ということになります。この経営課題をクリアする方法として「難易度の高いアジェンダの設定」は非常に有効なのです。

クリティカル・ビジネスの推進にあたって「難しいアジェンダ」が求められる二つ目の理由として、難しいアジェンダであればあるほど、認知が促進されやすいという点が挙げられます。理由は単純で、人々は、達成の見込みが難しい取り組み、インパクトのある目標を掲げる取り組みほど、関心を払うからです。

チャールズ・リンドバーグによる大西洋単独横断飛行、エドモンド・ヒラリーによるエベレストの登頂、チャック・イエーガーによる「音速の壁の突破」、アポロ11号による月面着陸など、世界を駆け巡るニュースとなって人類の可能性に関する認識を大きく転換させた取り組みの多くが、「極めて難易度の高いアジェンダ」への挑戦であったことを忘れてはなりません。人は、現実的な目標を掲げるイニシアチブには関心を払わないのです。

最後に、クリティカル・ビジネスの推進にあたって「難しいアジェンダ」の設定が求められる理由の三つ目として、難しいアジェンダであればあるほど、関わる人のモチベーションが高まるということが挙げられます。

この傾向をわかりやすく示しているのがアポロ11号による月面着陸のプロジェクトです。

ケネディ大統領がアポロ計画を発表した当時、米国の宇宙開発計画はソ連に大きく遅れをとっており、ロケットはしばしば打ち上げに失敗して爆発・炎上していました。そのような米国の状況を考えれば、当面の目標としては「ソ連に追いつけ」とか「爆発・炎上は止めろ」といった線が現実的だと思えるわけですが、ケネディはそういった「手堅い目標」を掲げることはせず、むしろソ連を大きく飛び越すような「月に行こう」という目標を掲げたのです。最初にこの目標をケネディから示された当時のNASAの上層部の人々は唖然としたそうですが、結果は皆さんもご存じの通り、以後の宇宙開発は米国がソ連を大きくリードし、「10年以内に」という公約を守って1969年にアポロ11号は月面着陸を成功させています。

能力レベルの高い人はそれに見合う挑戦的な課題を求めます。一言でいえば「難易度の高いアジェンダ」は、優秀でモチベーションの高い人にとって報酬なのです。しかも、この報酬は、能力の低い人、モチベーションの低い人には報酬として機能しません。つまり「難易度の高い挑戦的なアジェンダ」には、優秀でモチベーションの高い人を惹きつける一方で、凡庸でモチベーションの低い人を逆に遠ざけるという、クリティカル・ビジネスにおあつらえ向きの非対称性があるのです。非経済的報酬によって広範囲のステークホルダーから資源と資本を獲得するのがクリティカル・ビジネスのリソース戦略ですから、これを利用しない手はありません。

4. グローバル視点を持つ

次に挙げたいのが「グローバル視点」というコンピテンシーです。クリティカル・ビジネスのアクティヴィストは、イニシアチブを立ち上げる初期段階から、着手はローカルで地に足をつけて行いながらも、長期的にグローバルに事業を展開させることを視野に入れています。これはフォーカスとスケールに関する問題として整理できます。

これまで、マーケティングや経営学の世界では長いこと「フォーカス」と「スケール」はトレードオフの関係にあり、これを両立させようとすることは一種の「ないものねだり」だとされてきました。

しかし今日、このトレードオフは性質を変えつつあります。その変化を促進している要因がグローバル化の進展とテクノロジーの進化です。

解消されるスケールとフォーカスのトレードオフ

すでに何度も指摘している通り、クリティカル・ビジネスは、多数派のコンセンサスが必ずしも取れていない少数派のアジェンダを掲げます。少数の人々が強く共感してくれる未解決のアジェンダを掲げることによって、市場に深いクサビを打ち込むことを狙うわけですが、当然ながらこのアプローチには「スケールさせにくい」という難点があります。この難点をクリアするために、クリティカル・ビジネスのアクティヴィストたちは市場の空間軸をグローバルに設定することを志向します。

具体的な数字を挙げて考えてみましょう。たとえば日本国内というローカル市場において、出現率が5％しかない少数派にフォーカスを絞ってビジネスを行えば、潜在顧客は600万人（＝1・2億人×0・05）ということになります。

一方で、出現率が50％の多数派に向けてビジネスを行えば、潜在顧客は6000万人（＝1・2億人×0・5）ということになります。ビジネスのサイズが10倍違うということになれば、原材料の調達やマーケティングの展開などにおけるスケールメリットも大きく異なってくることになるため、どうしてもフォーカスを絞ったビジネスはコスト面や展開力といった点でハンディを負うことになります。

その結果として、誰もが市場調査を用いて、できるだけ大きな市場セグメントを特定し、彼らの嗜好におもねるようにして製品やサービスを開発するという、本書でいうところのアファーマティブ・ビジネスのアプローチが定石となったわけですが、その結果として、その市場において普遍性の高い問題については、多くの企業から似たようなソリューションが提供されるという「同質化の罠」という状況が生まれると同時に、普遍性の低い未解決の問題については未着手のままに放置される、という状況が発生しています。

「グローバル・ニッチ」という新しいポジショニング

この問題を避けるためには市場の空間軸の捉え方を変える必要があります。クリティカル・ビジネスのアクティヴィストは、フォーカスを思いっきり絞る代わりに、空間軸を思いっきり広げて市場の母集団を大きく取るのです。

先述した通り、日本市場において5％の出現率しかない少数派のニッチセグメントにフォーカスを絞れば、潜在顧客数は600万人（1・2億人×5％）しかいない、ということになるわけですが、これをそのままグローバルな市場に展開すれば、先進国だけでも12億人の人がいるわけですから、市場規模は一気に10倍の6000万人に拡大することになります。

もし同じ規模の顧客セグメントを日本の国内市場だけで狙おうとすれば50％の出現率が必要になりますが、このようなメジャーセグメントに向けて開発された製品やサービスは往々にしてフォーカスの甘いものになることが多く、市場への貫通力を失いがちです。

図13　ローカル・メジャーからグローバル・ニッチへ

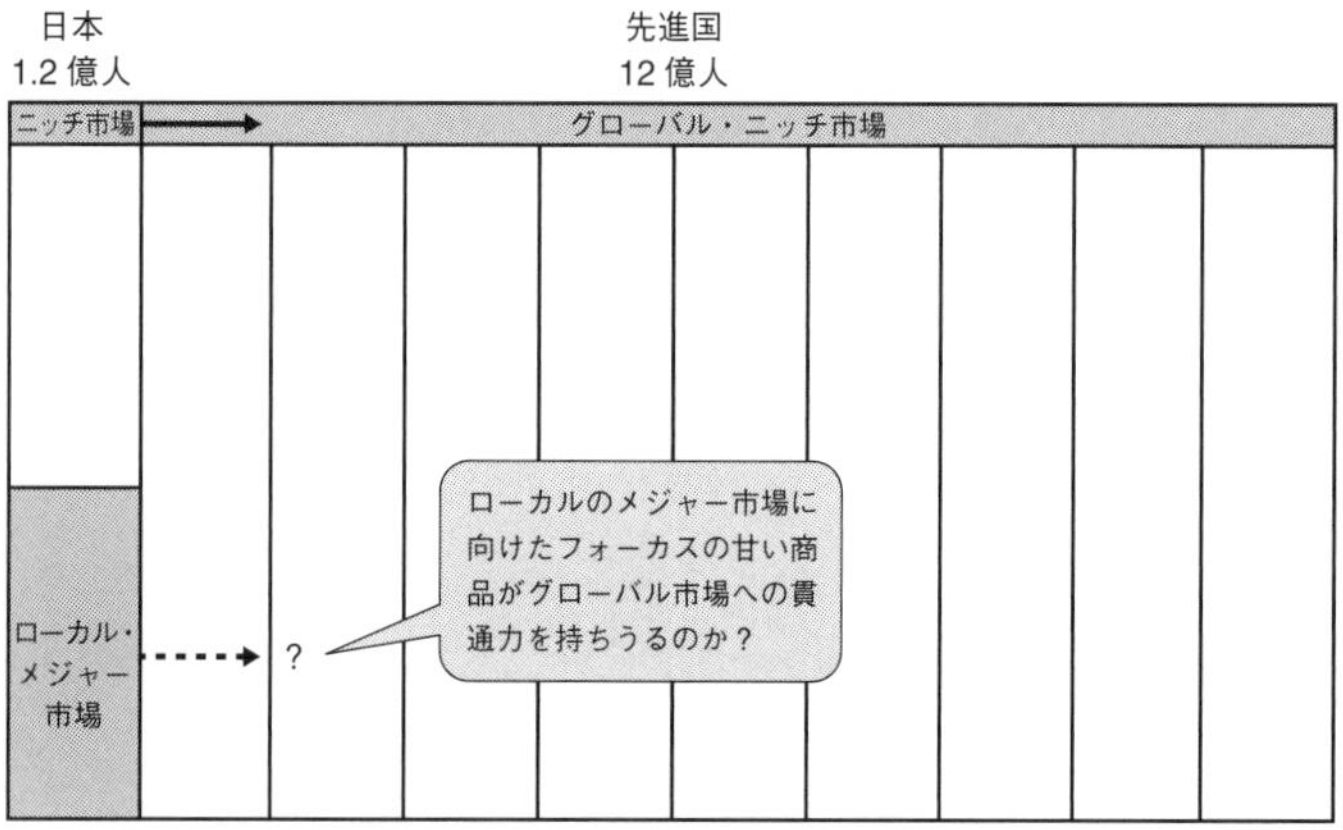

一方で、ニッチセグメントにフォーカスを絞った提案であれば、それは国境を越えて広がる貫通力を持ちうることになります。つまり、クリティカル・ビジネスの実践においては、市場開拓の方向性を「ローカル・メジャー」の方向から「グローバル・ニッチ」に転換する必要がある、ということです。

そして、あらためて考えてみれば、本書で紹介したクリティカル・ビジネスの事例の多くが、この「グローバル・ニッチ」の市場開拓戦略に則って世界進出を果たすことに成功していることがわかると思います。

たとえば、すでに紹介したＩＫＥＡのThisAblesのプロジェクトは、通常家具の使用に支障を来たす「社会の10％の人々」にフォーカスを当てることによって、世界１３０カ国という広範囲に事業展開しています。市場を一カ国のみに閉じられたものと考えれば、潜在的市場規模が社会の10％にしかならないようなアジェンダは魅力的な事業機会とはみなされません。だからこそ、この問題は長いこと多くの企業から未解決のままに無視・放置されてきたわけです。しかし、空間軸を拡げて「グローバル×ニッチのアジェンダ」として、この問題を捉え直してみると、手付かずのままに放置された巨大な事業機会が、そこに立ち現れてくることになります。

ローカル市場において普遍性の高い問題の多くがすでに解決されてしまった以上、新たな事業機会はグローバル市場における普遍性の低い問題として見出されます。だからこそ、グクリティカル・ビジネスのアクティヴィストは、イニシアチブの立ち上げ当初から、グローバルでの展開を視野に入れているのです。さらに指摘すれば、この視点は、これから先、大きな市場成長が見込めない日本という市場で事業を展開している私たちにとっても、非常に重要なパースペクティブを与えてくれるものだと思います。

5. 手元にあるもので始める

クリティカル・ビジネスのアクティヴィストに共通してみられる思考・行動様式の五つ目として共有したいのが「手元にあるもので始める」です。今回、インタビューの対象となったアクティヴィストの過半数は、クリティカル・ビジネスのイニシアチブを立ち上げるにあたって、それまでの本職を辞めずになかば副業といっていい位置付けで始めています。

クリティカル・ビジネスを始めるにあたって、会社を辞めてコミットする必要はありませんし、投資家から莫大な資金を集める必要もありません。必要と思われる最優秀の人材を雇う必要はありませんし、そもそも会社を立ち上げる必要すらありません。

ステークホルダーのコミットメントも、潤沢な資金も、優秀な人材も、あるに越したことはありませんし、いずれはどうしても必要になるものではありますが、クリティカル・ビジネスを始めるにあたっては、まずは「手元にあるものでとにかく始める」のです。

歴史を振り返ってみれば、多くのスタートアップが、本業を抱えながらサイドプロジェクトとしてスタートしていることに気づかされます。FACEBOOKはもともと、マーク・ザッカーバーグが学生時代にふざけて作ったFACE MASHというゲームでしたし、

Twitterはもともと、創業者たちが関わっていた本業である仕事のかたわら進めていたサイドプロジェクトから生まれています。

アップルもGoogleもFacebookもYahoo!も、もともと会社にするつもりもなく始まった、遊びや趣味や好奇心によって駆動されたイニシアチブです。彼らは、会社を作るためにイニシアチブを立ち上げたのではなく、まずイニシアチブを立ち上げ、それが盛り上がってもう会社にしないとどうしようもない、という状況に至って会社にしているのです。

なぜ「手元にあるもので始める」ことが重要なのでしょうか？　理由は大きく三つあると思います。

1：リスクの低減

2：ステークホルダーの誘引

3：学習の加速

順にいきましょう。

クリティカル・ビジネスの実践にあたって「手元にあるもので、とにかく始める」ことが求められる理由の一つ目が「リスクの低減」です。

先述した通り、クリティカル・ビジネスでは、それまで社会の多数派には認められていなかったアジェンダを取り上げ、新たな問題提起を行います。そのため、取り上げたアジェンダがどれだけ多くの人々の共感を得られるかについて、常に大きな不確実性を伴うことになります。この不確実性は、市場リサーチやシミュレーションによって小さくすることはできません。

では、どうするか？「とにかく早く、小さく試してみる」ということに尽きます。小さく試してみてポジティブなフィードバックがあれば、少しストロークを大きくしてみる。そしてさらにポジティブなフィードバックがあれば、またさらに少しストロークを大きくしてみる。これは投資の世界においてリアルオプションと呼ばれるアプローチですが、同様のアプローチがクリティカル・ビジネスの立ち上げにおいても有効です。

「手元にあるもの」で始めるから、逆にリスクを大胆に取れる

このようなアプローチを採用することは、逆説的なメリットをアクティヴィストにもたらします。というのも、クリティカル・ビジネスの実践にあたって「手元にあるもので、とにかく始める」ことによって、アクティヴィストは逆に大胆なリスクを取ることができ

るようになるからです。何といっても、失敗によって失うのは「手元にあったものだけ」なのですから。

クリティカル・ビジネスの実践にあたっては、失敗したらすべてを失うようなリスクを背負う必要はありませんし、むしろ、背負うべきでもありません。なぜでしょうか？　失敗によって失うものが大きくなり過ぎてしまうと、クリティカル・ビジネスの実践において重要な「難易度の高いアジェンダ」を掲げられなくなるからです。

起業に関する過去の研究からは、安定した本業を持ちながら、リスクのある不確実性の高いビジネスを起業した人の方が、すべての仕事を辞めて起業にコミットした人よりも成功する確率が高い、という結果が出ています。これは直感に反する研究結果だと思われるかもしれませんが、「安定した収入をもたらしてくれる本業を続けながら起業した人ほど、副業で大胆なリスクを取ることができる」と考えればその理屈は単純です。

一方で、失敗したらすべてを失うような大きなリスクを取って大胆に起業した人ほど、失敗を恐れて大胆な行動が取れなくなってしまいます。結果的に、中途半端なストロークに終始して失敗する傾向がある、というのが研究の明らかにするところです。

このようなアプローチは投資の世界においてバーベル戦略と呼ばれます。バーベル戦略とは、投資ポートフォリオを、一方の端に非常に安全な投資を、もう一方の端に高リスク・高リターンの投資をおいて組み合わせる考え方です。

これをキャリアに当てはめて考えれば、一方の端に安定的な報酬が得られるけれども大化けすることのない仕事を、もう一方の端には不安定で不確実ではあるけれども大化けする可能性のある仕事を組み合わせるという考え方になります。保険会社に勤めながら余暇を使って画期的な小説を書いたフランツ・カフカや特許局に勤めながら論文を書いてノーベル賞を受賞したアルバート・アインシュタインは典型的なバーベル戦略の成功例と言えます。

「とにかく始める」ことで人が集まる

クリティカル・ビジネスの実践において「手元にあるもので始める」ことが求められる二つ目の理由が「ステークホルダーの誘因」です。

前節において、私は「難易度の高いアジェンダを掲げる」ことが優秀な人材を集める上で重要だという指摘をしました。そう、確かに優秀な人材は難しくて挑戦的なアジェンダが大好きです。しかしでは、どのようにすれば、彼ら優秀な人材に、クリティカル・ビジネスのアクティヴィストが掲げる「難易度の高いアジェンダ」を伝え、知らせることができるでしょうか？

すでに何度も指摘しているように、クリティカル・ビジネスが掲げるのは必ずしも多数派のコンセンサスの取れていないアジェンダです。これはつまり、何を言っているかというと、このアジェンダに共感してくれる人は確率的に少数であり、したがって優秀な人材を集めるためには、できるだけ多くの人に、このアジェンダの存在を知ってもらう必要がある、ということです。

ここでカギになってくるのが「報酬を伴わないメディアによる告知」、いわゆるＰＲです。ＰＲは広報と訳され、ともすると一方的に情報を開示して終わるようなスタティックな活動としてイメージされがちです。しかし本来は、その語源であるパブリック・リレーションズという言葉が示す通り「ある組織とその組織を取り巻く人間とのあいだに望ましい関係を築くための一連のコミュニケーション活動」と定義される、非常にダイナミックな活動です。

特に、少数派のアジェンダを掲げて社会の価値観の変革を目指すクリティカル・ビジネスのアクティヴィストにとって、ＰＲは絶対に外すことのできない活動と言っていいでしょう。

さてでは、何がＰＲを展開する上での鍵になるのでしょうか。ＰＲが何よりも求めるのは「鮮度の高い情報」です。そしてこの「鮮度の高い情報」は、とにかく動き出さないと生み出すことができないのです。

そして最後、三つ目の理由が「学習の加速」です。クリティカル・ビジネスは、その定義の上からして原理的に、既存の枠組みや方法論とは大きく乖離した領域でビジネスを展開します。これはつまりクリティカル・ビジネスにおいては「学習のスピード」が極めて重要な競争要因になるということを意味します。クリティカル・ビジネスの主体はすべからく「学習優位の組織」でなければなりません。

では、どのような要素が学習を加速するのでしょうか？　フィードバックです。クリティカル・ビジネスのアクティヴィストは「手元にあるものからまず始める」ことで、市場や社会からのフィードバックを早期に取得することができます。

クリティカル・ビジネスの実践にあたって、アクティヴィストは、非経済的な報酬によって獲得できる資源をありとあらゆるところから集めることを求められますが、このフィードバックもまた「非経済的資本」となります。教育学と経営学の領域にまたがってたぐいまれな業績をあげている経営学者のスーザン・アシュフォードは端的に「Feedback is resource＝フィードバックは経営資源である」と指摘していますが、この資源は「とにかく始めること」によって増やすことができるのです。

さらに指摘すれば、フィードバックの価値は経時劣化する傾向がある、という点も押さえておきましょう。クリティカル・ビジネスの実践にあたっては、フィードバックの持つ価値は、事業運営に関する選択肢の最も多い初期段階ほど高く、時間を経て様々な選択肢の柔軟性が失われるにつれて減少していきます。「とにかく試してみる」ことによって、事業の早期の段階で良質なフィードバックを得ることが可能になります。

6. 敵をレバレッジする

次に共有したいのが、クリティカル・ビジネスのアクティヴィストに共通する「敵対する人」への構えです。一般に私たちは、敵をつくることをなるべく避けようとしますが、彼らはむしろ逆に、意識的に敵を作り出し、その敵の持っているエネルギーを反作用のように利用しているのです。どういうことでしょうか？

過去の歴史において、のちの世界に大きな影響を与えた社会運動のアクティヴィストを挙げてください、とワークショップでお願いすると、いつも次のような人物たちの名前が並びます。

ソクラテス
イエス・キリスト
ジャン＝ポール・マラー
吉田松陰
坂本龍馬
ローザ・ルクセンブルク

マーチン・ルーサー・キング・ジュニア
モハンダース・ガンジー
エルネスト・チェ・ゲバラ
ジョン・レノン

これらのリストを眺めてみて、ある共通項に気づいた人もいるでしょう。そうです、ほとんどの人が暗殺、ないしそれに準じた非業の死を遂げている、ということです。過去の社会運動において、高い水準でリーダーシップを発揮し、社会の変革に貢献した人物の多くが、暗殺によってその生命を絶たれているという事実は、私たちに「リーダーシップというのは、崇敬とか愛着とか共感といったポジティブな感情を生成するだけではなく、必然的に軽蔑とか嫌悪とか拒否といったネガティブな感情もまた同時に生成してしまう」ということを教えてくれます。

何か極端なものがあるときは、その背後には往々にして逆側に極端なものが存在しているものですが、これはリーダーシップについても同様にいえることなのかもしれません。リーダーシップを高い水準で発揮すればするほど、同時にまた軽蔑や拒否や嫌悪といったネガティブな感情とも向き合わざるを得ない、ということなのでしょう。

つまり「嫌われること」を恐れていたらリーダーには絶対になれない、ということです。ましてや、クリティカル・ビジネスは、原理的に何らかの対象に対する批判を含んでいますから、ネガティブな感情が向けられることを避けることはできないと言っていいでしょう。

敵をレバレッジする

リーダーシップの発揮に必然的に嫌悪や憎悪といったネガティブな感情が付随するのであれば、これを避けるのではなく、むしろエネルギーに変換して社会運動を推進するために利用するというプラグマティックなアプローチを考えてみましょう。つまり「敵をレバレッジする」という考え方です。

過去の歴史を振り返ると、批判が大きなエネルギーとなって運動や個人の社会的認知が高まったという事例は数えきれないほどあります。

たとえばガリレオ・ガリレイの唱えた地動説は当初、全く受け入れられませんでしたが、カトリック教会による異端審問にかけられたことがきっかけとなって大きな注目を集めることとなりました。カトリック教会という「大きな権威」によって名指しされ、激しく批判されたことが、逆にガリレイの学説の「脅威としての強度」を明証してしまったわけです。

同様のことは現代においてもしばしば起きています。鳴かず飛ばずだった社会学者のニコラス・ルーマンはすでに世界的名声を獲得していた哲学者のユルゲン・ハーバーマスからの批判と論争によって、一躍、世界的な知名度を獲得していますし、構造主義の始祖であるレヴィ＝ストロースも、ある時期までは通人の専門家にしか知られていませんでしたが、サルトルへの批判に反論されたのがきっかけで一般社会に知られることになりました。あのサルトルが、ここまでムキになって反論しているということは、よほどすごい人なのだろう、ということです。これらのエピソードに共通しているのは、すでに社会的に名声を獲得している人や組織からの批判・攻撃によって、批判・攻撃された側が逆に存在感を高めている、ということです。

しかしなぜ、敵による批判が結果的に真逆の効果をもたらすのでしょう？　答えは「運動はネガティブにせよ、ポジティブにせよ、情報を食べて大きくなるから」です。

単純に考えてみましょう。世の中の10分の1の人が共感してくれるアジェンダを掲げた人が、ある有名な組織や個人に批判されれば、その批判を通じて多くの人がそのアジェンダの存在を知ることになります。このアジェンダに共感をしてくれる人の出現率は10分の

1ですから、批判を通じてアジェンダの存在を新たに知った人のうち、10分の1の人々は、このアジェンダに共感し、批判者の意図とは逆に味方になります。つまり、現代の社会においてそれがたとえ批判的なものであっても、情報は必ず運動にとってプラスのエネルギーを生み出す」ということです。

もし批判が大きなエネルギーを生み出すのだとすれば、立ち上げ初期段階におけるクリティカル・ビジネスのアクティヴィストは、むしろ、積極的に権威ある立場の人物や組織からの批判を受けるよう、挑発的な態度を取ることすら求められると言えるかもしれません。

だからこそ、彼ら、クリティカル・ビジネスのアクティヴィストは、運動の初期段階からポジションを明確化し、常に「何を批判しているのか？」を明確化しているのです。

7. 同志を集める

さて、次に共有したいクリティカル・ビジネスのアクティヴィストが示す思考・行動様式が「同志を集める」というものです。ここでいう「同志」とは、文字通り「志を同じくするもの」ということです。今回のインタビューで、アクティヴィストが口を揃えてその重要性を訴えていたのが、このコンピテンシーでした。

なぜ「同志を集める」のは難しいのか？　価値観や優先順位を明確化して、これに合わないステークホルダーを排除する、ということができないからです。特に、クリティカル・ビジネスの実践の初期段階では、資金・人材の不足が事業推進のボトルネックになりますから、どうしてもこれらの要件について妥協してしまいがちです。しかしこれは結果的に、クリティカル・ビジネスの純度を下げ、コミットメントを低め、負のスパイラルを生み出してしまうことが多いのです。

そもそもクリティカル・ビジネスとは、単に経済的利益を追求するだけではなく、社会的な変革や価値を追求し、社会運動としての側面を強く持つビジネスのことです。このような営みを推進していくにあたっては「同じ価値観や優先順位を持つステークホルダーとの協働」が非常に重要なポイントとなります。

より具体的に「同じ価値観や優先順位を持つステークホルダーとの協働」の利点を挙げるとすると次のようになります。

1：効果的な協働
2：ブランドの強化と伝播
3：組織文化の形成

一つ目の利点として挙げられるのが「効果的な協働」です。ステークホルダー、特に従業員のあいだで価値観と優先順位が共有されていれば、日常の業務や戦略的な意思決定の際にもそれを基準として素早く、ブレのない判断を下すことができます。また、ビジネスの方向性を決定する際にも、ステークホルダーとのあいだでの摩擦は相対的に少なく、効果的な協働が期待できます。

二つ目の利点として挙げられるのが「ブランドの強化と伝播」です。同じ価値観を共有するステークホルダーは、ビジネスのブランドやメッセージの有力な伝播者となります。この点については後述しますが、クリティカル・ビジネスを実践する企業において、従業員をはじめとしたステークホルダーの行動や発言は、クリティカル・ビジネスのブランドに決定的な影響を与えることになります。従業員をはじめとしたステークホルダーが、クリティカル・ビジネスを実践する組織と整合性のある行動や発言をしていれば、それらの行動や発言はブランディングを強化する方向に働くことになりますが、逆に、彼らがクリティカル・ビジネスを実践する組織と不整合な行動や発言をしていれば、それらの行動や発言によってブランディングは希薄化し、クリティカル・ビジネスを実践する組織の主張は偽善だったとして批判されることになります。

最後に三つ目の利点として挙げたいのが「組織文化の形成」です。明確な価値観や優先順位は、組織内での行動様式や思考パターンを形成し、組織文化として定着します。強固な組織文化は、従業員のモチベーション向上や組織の一体感を高める要因となります。

総じて、クリティカル・ビジネスの実践において「価値観と優先順位の明確化」は、ビジネスの方向性の維持、リソースの最適化、ステークホルダーとの信頼関係の構築、組織文化の形成など、多くの側面での成功要因となります。

摩擦を避けている限り「本当の一体感」は生まれない

ここで優先順位の明確化を行うにあたって、留意しなければならないポイントを一つ挙げます。それは、せっかく集めた仲間との摩擦を避けるために優先順位や価値観の明確化を行わないと、いずれ大きなツケを払うことになるということです。

教育心理学者のブルース・タックマンは、いったん形成されたグループやチームがパフォーマンスを上げて成果を出すまで、一連のパターン化されたシークエンスを経ることを発見しました。そのシークエンスとは

1：形成期＝フォーミング
2：混乱期＝ストーミング
3：規範形成期＝ノーミング
4：活動期＝パフォーミング

の四つです。

人が集まって出来上がったグループやチームが即座にパフォーマンスを発揮することはありません。タックマンは、グループやチームが形成された後、メンバー間で優先順位や価値観の違いが表面化し、大きな摩擦を起こすことで、メンバー間でのすり合わせが進み、その組織やチームにおいて何を大事にするのか、何を優先するのかという規範が形成され

パフォーマンスが発揮されるというプロセスを明らかにしました。多くのリーダーは、メンバー間での摩擦を避けるため、このプロセスにおける混乱期＝ストーミングを避けようとする強い傾向がありますが、このプロセスを経なければ活動期＝パフォーミングに至ることができないという点に留意してください。

一人でも多くの仲間を集めたいという組織形成の初期段階において、優先順位や価値観を明確化することには大きな勇気が求められるでしょう。しかし、このタイミングで優先順位や価値観を明確化しなければ、異なる優先順位や価値観を持った人たちがステークホルダーとして参加し、やがて大きな方向性に関するズレや、あるいは組織運営に関する基準の齟齬につながることになります。

クリティカル・ビジネスの実践にあたっては、初期段階から優先順位と価値観を明確化し、その優先順位と価値観に共感、あるいは少なくとも規範として受け入れる同志を集めることが重要なポイントとなります。

8. システムで考える

社会運動、社会批判という側面を強く持つビジネス、クリティカル・ビジネスを実践するにあたって、そのアクティヴィストには「問題をシステムとして捉える」、いわゆるシステム思考の素養が必要になります。

システム思考とは、問題の発生する原因を局所的なものではなく、自分も含めたシステム全体にあると考え、システム全体を改変することを志向するアプローチです。

どうにもイメージが湧きにくいですね。ではシステム思考と対照的な思考方法である要素還元主義の論理思考がもたらした実例について考えてみましょう。以下は実際に起きた問題です。

- ホームレス保護施設を増やしたら、ホームレスが増加した
- 麻薬の取り締まりを強化したら、麻薬犯罪が増加した
- 食糧援助を展開したら、飢餓が増加した
- 厳しい実刑判決の実施によって、凶悪犯罪が増加した
- 職業訓練プログラムの導入によって、失業率が悪化した

これらはなぜ起きるのでしょうか。間違いなく一つ一つの政策や取り組みは論理的に正しく、善意に基づいています。しかし、それらの論理的に正しく、また善意に基づいている施策によってかえって悪い結果がもたらされているのです。

クリティカル・ビジネスの実践にあたって、アクティヴィストはもちろん、社会的な問題の解決を目指してイニシアチブを起こすわけですが、ここで注意しなければならないのは、複雑なシステムに関する洞察のないままに、問題の症状への対処を行うと、問題は解決されないばかりか、かえって悪い状況を招きかねないということです。

善意から行われたものであるにもかかわらず、結果的により悪い方向へ状況を変化させてしまうイニシアチブには、三つの共通項があります。

- 根本的な問題ではなく、症状へ対処している
- 誰の目にも文句なしの策に映る
- 短期的には効果がある場合も多い

このようなイニシアチブの発動に対して、当初の成果に多くの関係者は喜びます。しか

し、長期的かつ広範囲の因果関係によって短期的な効果が徐々に損なわれていくことになり、やがて意図せざる、大きなマイナスの結果が生み出されます。このような現象の典型例として挙げられるのがＤＤＴです。

古い問題の解決が、新しい問題を生み出す

20世紀の前半まで、マラリアは文字通り「人類の敵」でした。マラリアのせいで毎年何万人、何十万人という人が亡くなっていたのです。このマラリアを撲滅するために開発されたのが殺虫剤ＤＤＴでした。ＤＤＴは、本当の意味で虫を殺す歴史上最初の殺虫剤で、第二次世界大戦中には発疹チフスやマラリアの発生を抑制するために莫大な量が散布されました。

この散布は劇的な効果を上げ、たとえばスリランカでは１９４８年から１９６２年までＤＤＴの定期散布により、それまで年間２５０万人いたマラリア患者の数を30人にまで激減させることに成功しています。そして、その絶大な効果を確認した世界保健機関＝ＷＨＯは１９５５年、ＤＤＴによって地球上からマラリアを撲滅すると高らかに宣言したのです。

ところが、ほどなくしてWHOのもとに、DDTの散布地域であったボルネオで、奇妙な現象が観測されているという報告が届くようになります。DDTを散布した地域だけでペストが異常に蔓延しているというのです。

調査によってわかったのは、次のようなメカニズムでした。

DDTは極めて安定性の高い化学物質で土中でも分解されません。残留したDDTは、マラリアを媒介する蚊を撲滅したわけですが、DDTの毒性に対して耐性を持つゴキブリは体内にDDTを蓄積していきました。そしてこのゴキブリを捕食したトカゲはDDTにより神経を冒されて酒に酔ったようになり、簡単にネコに捕食されるようになります。ところがDDTに耐性のないネコはバタバタと死んでしまい、結果、天敵であるネズミが大量に発生し、ペストが蔓延したのです。

マラリアを媒介する蚊の根絶という側面については、DDTは文字通り絶大な威力を発揮したわけですが、別の側面ではとても大きな問題を生み出すことになってしまったのです。つまり「解決策が新たな問題の原因になっている」ということです。

システム思考家になるための三つのカギ

では、どうすれば、このような状況が発生することを防げるのでしょうか？　システムリーダーに必要な三つのコンピテンシーを用いることによって、というのがその回答になります。

システムリーダーが用いる一つ目のコンピテンシーは「より大きなシステムを捉える」能力です。複雑な状況では、人は大抵、自分に都合の良い視点から問題を捉えます。問題に関わっている人々が、それぞれの立場から問題の枠組みを捉えることで、常に「誰の視点が正しいか」という不毛な議論を引き起こすことになります。複雑なシステム問題について関係者の共通理解を形成するために、各人が描く局所的な枠組みを包括する「より大きなシステム」を捉えるコンピテンシーがシステムリーダーには欠かせません。

システムリーダーが用いる二つ目のコンピテンシーが「生成的な対話を促す能力」です。カギになるのは内省の能力です。内省は、自分の思考について考察し、自分ですら囚われていることに気づいていなかった呪いについて意識的になることを可能にします。その内省の結果を各人が他者と共有することで、組織や個人からなる集団がそれぞれの異なる意見を本当の意味で聞き、互いの見ている現実を認知的だけではなく、感情的にも理解し合うことが欠かせないステップとなります。

システムリーダーが用いる三つ目のコンピテンシーが「リアクティブからアクティブへとフォーカスを移す能力」です。クリティカル・ビジネスのアクティヴィストは、常に望ましくない状況を起点にしてイニシアチブを立ち上げます。多くの場合、このようなイニシアチブは、目の前の問題に局所的、かつ反応的に対処することになりがちですが、システムリーダーは、集団が、問題への対処に終始するのではなく、前向きな未来のビジョンを作り出すことができるようにファシリテートします。

言葉を変えて表現すれば、システムリーダーは「自らの手でアジェンダを解決することと」を志向しないということです。なぜなら、このようなアプローチでは大した成果が得られないということをよく知っているからです。システムリーダーは、変化が生まれ、変化が自律的に継続するような場を生み出すこと、に注力します。

いまからおよそ２５００年前、システムリーダーの理想について述べた賢者がいます。

悪いリーダーは、人々から蔑まれる。
良いリーダーは、人々から敬われる。
最高のリーダーは、人々に「私たちがやった」と言わせる。

老子のこの言葉は、クリティカル・ビジネスのイニシアチブをとるリーダーにとっても、非常に示唆に富んだものだと思います。

クリティカル・ビジネスが、その定義上、これまで解決されることのなかった社会的問題にアドレスする以上、その問題は複雑なシステム問題であることが少なくありません。クリティカル・ビジネスのアクティヴィストはすべからく、システムリーダーとしてのコンピテンシーを果たさなければならないのです。

9. 粘り強く、そして潔く

次に共有したい、クリティカル・ビジネスのアクティヴィストに共通してみられるコンピテンシーが「粘り強く、そして潔く」というものです。「粘り強く」というのと「潔く」というのは矛盾しているわけですが、これがどうして一つの思考・行動様式の中に織り込まれているのでしょうか。順に説明していきます。

まず「粘り強く」というポイントについて考えてみましょう。

本書で何度も指摘しているように、クリティカル・ビジネスのイニシアチブを起こすにあたっては、リーダーであるアクティヴィストは、それまで必ずしも社会的な多数派にはコンセンサスの取れていない問題にアジェンダを設定します。

そしてさらに、そのアジェンダの解決方法について、これまで提案されたことのないアプローチをしばしば採用します。これはつまり、二重の意味で多数派のコンセンサスを取りにくい、というのがクリティカル・ビジネスにおける初期段階の状況だということです。

したがって、この段階において、クリティカル・ビジネスは多くの反論や批判を受けることになります。この反論や批判を受け、自分の設定しているアジェンダが良くないのではないか、あるいは自分がとろうとしているアプローチが良くないのではないか、と考えてしまうと、イニシアチブは中途半端な取り組みで終わることになってしまいます。ここに「粘り強く」が求められる理由があります。

「イノベーションのアイデア」は誰にも評価できない

クリティカル・ビジネスの初期段階において、周囲の反論や批判にあまり耳を傾ける必要はないと考える理由について、もう少し積極的な材料を共有しましょう。それは「ほとんどの人にはイノベーティブなアイデアを目利きする能力などない」ということを、これまでの多くの研究や実例が示している、ということです。

Googleが、創業当初の段階で資金調達に非常に苦労し、３００回以上もベンチャーキャピタルから投資を断られた、という話はすでにしましたが、こういった例は枚挙に暇がありません。Airbnbは２５０回、Ciscoは80回、Skypeは40回、それぞれベンチャーキャピタルから初期段階の投資を断られたと言われています。こういったエラーは統計学の用語では偽陰性、つまり「ダメだと思ったものが良かった」とされる誤りですが、これとは逆の偽陽性、つまり「良いと思ったものがダメだった」というケースもまた挙げるとキリがありません。

近年の典型例はセグウェイでしょうか。セグウェイは創業当初、多くの有名企業家や投資家から「成功は間違いない」「ぜひ投資させてほしい」と激賞されていましたが一度として利益を出すことなく会社としては清算されました。Googleへの投資で大成功した投資家のジョン・ドーアは「市場最速で10億ドルの売上を達成する企業になるだろう」と太鼓判を押して8000万ドルを投資して大損しています。

米国におけるベンチャーキャピタルの歴史を研究しているハーバード・ビジネス・スクールのトム・ニコラスは、著書『ベンチャーキャピタル全史』において、1980年代から現在までの米国のベンチャーキャピタルの総投資利回りはS&P500の市場平均リターンと同等であり、結果からいえば「あれだけのハイリスクを合理的に説明できない」と指摘しています。投資案件の目利きとしては世界トップクラスと思われる米国のベンチャーキャピタリストでさえこの程度なのです。

これらの研究結果や実例は、イノベーションに関わるアイデアの評価という点に関して、私たち人間には極めてお粗末な能力しかない、ということを示しています。

人から評価されるアイデアであれば、それはイノベーティブではない

ここまでの話をまとめれば「イノベーティブなアイデアほど、人から評価されない」ということになりますが、この命題はまた私たちに逆側の重大な洞察も与えてくれます。それはすなわち、この論理命題の対偶となる命題、すなわち「人から評価されるのであれば、そのアイデアはイノベーティブではない」という命題です。誰もが素晴らしいと認めるようなアイデアは、おそらく実際にはそれほど素晴らしいアイデアではない、ということです。

優れているように思えるアイデアはイノベーティブではなく、イノベーティブなアイデアは優れているようには見えない。クリティカル・ビジネスが持つ、この反直感的な性質は、アクティヴィストにとってアドヴァンテージにもなり得ます。なぜなら、競合からは、そのアイデアがイノベーティブであればあるほど優れたアイデアには見えないからです。今回、一連のインタビューにおいて、クリティカル・ビジネスのイニシアチブを立ち上げた当初、競合はどのように反応しましたか？という筆者の質問に対して、ほとんどのアクティヴィストが「Nothing＝何もなかった」と回答しています。

同様のことが投資家についても言えます。クリティカル・ビジネスは原理的にそれまで

の社会の規範的な価値観では理解できない価値訴求を行うため、そのビジネスはしばしば非常にスジの悪いものに見えるため、投資家もしばしばこれを無視します。典型がAirbnbの事例でしょう。

Airbnbは創業当初、多くの著名投資家から投資を断られています。Airbnbのビジネスモデルをあらためて言葉で表現すれば、それは「自分の家の一部分を、他人を泊めるために貸し出す」ということになりますが、このアイデアは投資家にも競合にも当初は全く評価されませんでした。事業評価のプロである投資家にもAirbnbのビジネスモデルはあり得ないほどにスジの悪いものに思えたのです。

アファーマティブ・ビジネスとして宿泊業を営んでいたグローバルなホテル・コングロマリットのほとんども、Airbnbを脅威とみなすことはなく、その登場に対して何の対抗措置も講じませんでした。しかし、そのあとに起きたことは皆さんもご存じの通りです。Airbnbは創業からわずか8年で時価総額の評価額が3兆円を超え、世界最大の宿泊サービス企業になったのです。これらの事実は、いかにクリティカル・ビジネスのアイデアが反直感的なものであり、特にアファーマティブ・ビジネスの定石に親しんでいる人からするとスジの悪いアイデアに見える、ということをわかりやすく示しています。

変えるべきときは潔く変える

さてここまで、本節のテーマである「粘り強く、潔く」の前半である「粘り強く」について説明してきましたが、最後に簡単に「潔く」という点についても触れておきましょう。クリティカル・ビジネスには多くの不確実性が伴います。いけると踏んだアイデアやビジネスモデルが実際にやってみたら難しかったということも往々にして起こり得るでしょう。

今回の一連のインタビューにおいて印象深かったのは、クリティカル・ビジネスのアクティヴィストが総じて、このような状況に対して極めて柔軟かつ臨機応変に対応していたことです。基盤となるアジェンダや骨太な方針は守りながらも、方法論やアプローチに関しては諦めるものはさっさと諦め、変えるべきものはさっさと変えているのです。

なぜ「潔く」がここで重要なのでしょうか？　スジの悪いアプローチにこだわっていると、イニシアチブ立ち上げ当初において非常に重要な「時間」という資本を食ってしまうからです。クリティカル・ビジネスの立ち上げ当初のプランは「仮説の壮大な集合体」として出来上がっています。この仮説をできるだけ早く検証し、書き換えるものは書き換えていかないと、立ち上げ当初のモーメンタムが減衰するまでに仮説検証を終えることができません。だから、できるだけ早期に試して、ダメな仮説は修正していくことが重要なのです。彼らの時間軸を見ていると、一週間に一個ずつ仮説をつぶしていく、というのがスタンダードなスピード感ですが、これは私の感覚からすると大手企業が半年かけてやっていることを一週間でやっていくイメージなのです。

アジェンダや基本的なビジネスモデルのアイデアに関しては「粘り強く」こだわりながらも、方法論やアプローチに関してはできるだけ早く試して「潔く」修正していく、ということです。

10. 細部を言行と一致させる

「クリティカル・ビジネス」とは、単に経済的利益の追求を超えて、社会的変革や価値の実現を目的とし、社会運動としての側面を強く持つビジネスのことを指します。このようなビジネスが追求する価値は、その本質的な目的や信念に根ざしているため、ビジネスの信頼性や誠実性は極めて重要です。その中で、「言行の一致と透明性」がキーサクセスファクターとなる理由を以下に詳しく説明します。

信頼性の確保

クリティカル・ビジネスは、その目的や行動が社会的な価値や変革を追求しているため、消費者や関係者からの高い期待や注目を集めることが多い。この期待に応えるためには、約束や宣言したことを実際に行動として示し、そのプロセスを透明にすることが必須です。

競合との差別化

多くの企業や団体が様々な社会的活動や取り組みを声高に喧伝している中で、実際の行動とメッセージの一致は、他者との明確な差別化を生む要因となります。

持続的な関係の構築

言行の一致と透明性は、ステークホルダーとの持続的な関係を築く上でのカギです。透明性を持ち、約束を守ることで、長期的な信頼関係やパートナーシップを築くことができます。

リスクの回避

誤解や疑念、批判を避けるためにも、言行の一致と透明性は必要です。特に、クリティカル・ビジネスはその社会的な活動ゆえに、公の目にさらされる機会が多く、そのリスクを最小限に抑える手段として、透明性が求められます。

影響力の拡大

社会的なメッセージや変革を推進するためには、その影響力を拡大することが必要です。言行の一致と透明性は、他者にその取り組みや価値を伝え、共鳴を呼び起こす上での重要な要素となります。

クリティカル・ビジネスにおける「言行一致の原則」の重要性をわかりやすく示しているのが、Nikeによるブラック・ライブズ・マター（Black Lives Matter　以下、ＢＬＭ）に関連するキャンペーンでのエピソードです。

Nikeは、ＢＬＭ運動が再燃していた２０２０年に、「Just Do It」のスローガンを一時的に「Don't Do It」に変えるキャンペーンを行いました。このキャンペーンは、ジョージ・フロイド氏の死と、それに続く世界中での抗議活動に対する反応として「Don't Do It」、つまり「差別を止めよう」という、Nikeなりの賛意を広告コミュニケーションの形で訴えたわけです。このキャンペーンには、当初「さすがNike！」といった好意的反応が寄せられましたが、ある決定的な疑義が提示されてから、むしろ否定的反応の方が主流になってしまいました。

このキャンペーンに対して、広告業界アクティヴィストのシンディ・ギャロップ氏がＳＮＳ上で「黒人スポーツ選手を利用して巨額の富を得ている企業なのに、上級役員には黒人が一人もいない。他人のことをとやかく言う前に、まずはこの点を改めてはどうか？」と批判し、大きな議論が巻き起こったのです[10]。

ギャロップ氏は、Nikeが表向きには社会正義に対して強い立場を取っているように見せておきながら、実際には経営層のレベルでその価値観を行動として実践していない、まさに「言行が一致していない」と指摘したわけです。Nikeはグウの音も出ません。

インターネットが普及する以前の社会であれば、社会に流通する企業の情報源は広告が主であり、広告を通じて企業のイメージを操作することが可能でした。企業とメディアは、いわばテクノクラートとして、社会に流通する情報と、そしてその情報によって形成される企業の幻影的なイメージを操作できたのです。

非意図的なコミュニケーションが意味をつくる

しかし、ネットが普及し、誰もが情報にアクセスできるようになった現在の社会では、企業のありとあらゆる行動は、その企業の理念や価値観を体現するものとして、ネットという巨大な窓を通じて、世界に対して露わになっています。このような社会において、社会の趨勢におもねるような広告メッセージを企業が送ったとしても、それに整合するよう

(10) 同社はこの指摘を素直に認めた上で、同社における人種的多様性を向上させることを経営上の最優先課題として宣言し、現在もその取り組みを継続している。

な企業としての実際の行動が伴っていなければ、そのような広告はかえってマイナスの効果をもたらすもの……言うなれば、ディブランディングになってしまうということです。

企業が行うコミュニケーションはこれまで「広告」「広報」「宣伝」といった用語で概念化されてきたわけですが、私は、今後の企業コミュニケーションは、これらの用語では整理することができず、むしろこれらの用語からこぼれ落ちてしまう領域のコミュニケーションこそが、重要になってくると考えています。

前述した「広告」「広報」「宣伝」といった用語は、企業による「主体的なコミュニケーションの意志」を前提にしていますが、今後の世界では、こういった「コミュニケーションする意志」の外側において、意図せざる意味を生み出してしまう情報が発生していることについて意識的になる必要があります。

わかりやすく言えば、どんな場所に本社を置いているか、本社がどんな作りになっているか、どんな人事制度を採用しているか、どんな人材を採用し、重用しているかといったことが、すべて意味を生み出す情報になっているのです。

ブルネロ・クチネリが、イタリアの中部の小さな村、ソロメオに本社を置いていることについてはすでに述べました。ブルネロ・クチネリ氏はビジネスにおける人間性の回復、ビジネスと自然の調和についてしばしば語っていますが、そのようなクチネリ氏が、同社の本社を喧騒な大都会に置いていれば、このようなステートメントはすべて「欺瞞だったのだな」と捉えられてもおかしくありません。

Nikeに対する一連の批判は、企業が社会的な問題に対して声を上げる際の誠実性、特に「その声に見合うような行動をしているのか？」という点に大きな疑問を投げかけるものであり、内部の多様性を高め、すべてのレベルで社会的責任を実践することの重要性を浮き彫りにしました。特に、社会や業界への批判という側面を強く持つメッセージを訴えることを宿命的に求められるクリティカル・ビジネスの実践において、企業には高い水準での「言行一致」が求められることになります。

第七章　今後のチャレンジ

さあ、本書も残すところ、この一章のみとなりました。この章では、クリティカル・ビジネスを社会から生み出していくための最大のカギとなるステークホルダー、つまり私たち市民の一人一人が、どのようにしてクリティカル・ビジネスの生成・成長・普及に寄与できるかという論点について考察しましょう。大きく7つのチャレンジがあると思います。

1. フォロワーシップの醸成

最初に挙げられるのが、社会全体におけるフォロワーシップの醸成です。すでに何度も述べた通り、クリティカル・ビジネスは、誰もが当たり前だと信じて受け入れていた物事に対して、意識的な批判を行うことから始まります。このとき、この批判に賛同する人が集まることで、クリティカル・ビジネスは推進のモーメンタムを生み出すことができるわけですが、これを逆に言えば、その批判や啓発に賛同する人がいなければ、クリティカル・ビジネスのイニシアチブは失速し、離陸することができないということです。

これはつまり、何を言っているかというと、クリティカル・ビジネスを社会から生み出していくにあたって、何よりも重要なのが「フォロワーの存在」だということです。イノベーションに関する課題を議論する際、「リーダーの不在」はしばしば言及される問題ではありますが、この論点は非常にミスリーディングで真に解決すべき問題の焦点を的外れな方向にずらしているように思います。

私に言わせれば、リーダーの不在はむしろ結果であり、その原因こそが問題です。そもそも、なぜ日本の社会からリーダーが生まれないのでしょうか？

リーダーシップという言葉はあたかも能力や資質に関する概念のように取り扱われていますが、そもそもは関係性に関する概念であり、さらに言えば一種の現象を表す言葉です。リーダーはイニシアチブをとって動き始めるだけではリーダーになれません。そのイニシアチブに賛同し「あなたの言っていることは正しいと思う」と賛同する人、つまりフォロワーが生まれた瞬間に、リーダーシップという現象が立ち現れ、その人は初めてリーダーになることができるのです。つまり「リーダーの不足」という問題は「フォロワーの不足」という原因によって生まれている、ということです。

しかし、これはなかなか簡単なことではありません。なぜなら社会的コンセンサスの取れていない少数派のアジェンダに表立って賛意を表明することは常に嘲笑・批判・排斥の対象になるリスクを孕むからです。では、どのようにしてそのリスクを乗り越えればいいのでしょうか？

カギになるのは「賛意を表明する最初の人」、つまり「ファーストフォロワー」です。過去の社会心理学・組織心理学における研究は、少数派の意見に本音では賛成なのだけれども、多数派から孤立することを恐れて声を上げられないという人も、自分以外の誰かが一人でも少数派への賛同を表明することで、大きく勇気づけられることがわかっています。

クリティカル・ビジネスはその定義上、社会的なコンセンサスが必ずしも明確ではないアジェンダを設定して推進されます。このアジェンダに共感し、このイニシアチブを応援するフォロワーが少しずつ増えていくことで、クリティカル・ビジネスは社会変革の力を生み出していきます。

このモーメンタムを生み出していく上で「最初にフォロワーになる人＝ファーストフォロワー」の重要性はいくら強調しても足りません。

2. 情報の拡散と共有

クリティカル・ビジネスのパラダイムは、アファーマティブ・ビジネスのそれと比較して、まだ広く認知されていません。したがって、社会からクリティカル・ビジネスを生み出していくためには、このパラダイムの存在とその重要性や影響力について、社会全般の理解を深めることが必要になります。ここでカギになるのが、クリティカル・ビジネスのイニシアチブに共感したフォロワーによる「情報の拡散と共有」です。

経済学者のアルバート・ハーシュマンは、著書『離脱・発言・忠誠』において、複雑なシステムのパフォーマンスを維持・向上させるためには、特に「発言」が重要だと指摘しています。発言とはつまり「おかしいと思うことに対しておかしいと声を上げること」であり、一方で「面白いと思うことに対しては面白いと声を上げること」「美しいと思うことに対しては美しいと声を上げること」でもあります。

言葉は情報でできており、情報はエネルギーを生み出します。すでに指摘した通り、社会運動は情報を食べて前進のエネルギーにします。フォロワーによるこれらの「発言＝情報」が、クリティカル・ビジネスのイニシアチブを離陸させる大きなエネルギーを生み出すのです。

さて、ここまで読まれた方の中には、自分のように地位も権限もない人間が、いくら発言したところで社会は変わらない、と思われた人もおられるかもしれません。しかし、そんなことはありません。

セルジュ・モスコヴィッシによる少数派影響理論についてはすでに説明しました。あらためて確認すれば、社会における価値観や規範は、少数派が多数派に影響を与えることで変化していくという理論です。

モスコヴィッシの研究は、少数派が多数派に影響を与えるには、いくつかの条件があることを明らかにしています。詳細はモスコヴィッシの論考について調べていただきたいのですが、その条件を簡単にまとめれば「少数派が、自信を持って、魅力的に、一貫して、ラディカルに主張する」というものです。これらの条件が揃ったとき、少数派の意見は社会を変革する大きな影響力を生み出します。

少数派の人々が社会を変える大きなうねりを生み出した事例の一つに、米国における公民権運動があります。米国の公民権運動は、たった一人の若い黒人女性＝ローザ・パークスが、バスで白人に席を譲るように命じられた際、これを断って投獄されたという小さな事件、いわゆる「バス・ボイコット事件」がきっかけとなって始まっています。ローザは当時工場に勤める工員で別に公民権運動のアクティヴィストでも、ましてや社会運動のリーダーだったわけでもありません。彼女はただ単に「白人のために席から立て」と言われて理不尽だと感じたので、自分の正義感に基づいて反論し、結果的に逮捕されてしまったのです。

ここで発揮されているのはごくごく小さなリーダーシップでしかありませんが、しかし、その小さな声が、やがて世界の歴史を動かしていく巨大な声に拡声されて全米の運動につながっていったのです。

では、私たちは具体的に何をすれば良いのでしょう。幸いなことに、現在の私たちには、個人が社会に情報を発信、共有できる様々なツールが揃っています。

たとえば、ソーシャルメディアを活用してクリティカル・ビジネスに関する記事やニュースを共有することで、周囲の人々の関心を喚起することができるでしょう。あるいは個人ブログやコラムを執筆し、クリティカル・ビジネスに関する体験談やインタビュー、分析や洞察や実例を提供することで、理解の促進に貢献することもできるでしょう。

あるいはイベントやセミナーを開催するというアイデアもあります。特にクリティカル・ビジネスのアクティヴィストを招いたイベントやワークショップであれば、参加者に直接的な学びの機会を提供することができるでしょう。

私たちには「声を上げる責任」があります。あなたがもし、何かおかしいと思うものがあれば、どうぞ「これはおかしいと思う」と声を上げてください。あなたがもし、共感できるイニシアチブに出会ったら、「こういうイニシアチブがあるよ。自分はとても良いと思う」と賛同の意を表明してください。人々がそうすることによって、私たちの社会は少しずつ、前に進んできたのですから。

3. クリティカル・ビジネスの製品やサービスの利用

共感するクリティカル・ビジネスに出会ったら、その商品やサービスを積極的に利用しましょう。クリティカル・ビジネスが提供する製品やサービスを積極的に利用することは、これらの企業の経済的基盤を強化し、その社会的使命を支えることに直接貢献します。

すでに述べている通り、ビジネスには社会を変革する大きな力がありますが、その力が、社会を啓発して明るい方向に導くか、逆に愚民化して暗い方向に導くかは、ひとえに顧客である私たち市民の一人一人が、どのような見識・倫理観・美意識を持って、製品やサービスを選択するかにかかっています。

つまり、クリティカル・ビジネスをある社会が生み出せるかどうかは、その社会における「消費行動の成熟度合い」が重要だということです。「甘やかされた子供」ばかりからなる社会からはクリティカル・ビジネスは生まれません。

この点で日本社会は大きく遅れをとっています。社会的・環境的・政治的な変化を起こすことを意図的に目指す消費行動を「消費アクティヴィズム」と言いますが、この消費アクティヴィズムの土壌が日本では非常に脆弱なのです。

図16は2020年に実施された「消費アクティヴィズム」に関する国際比較調査の結果

図14　社会を変える消費＝消費アクティヴィズムの土壌が際立って脆弱な日本

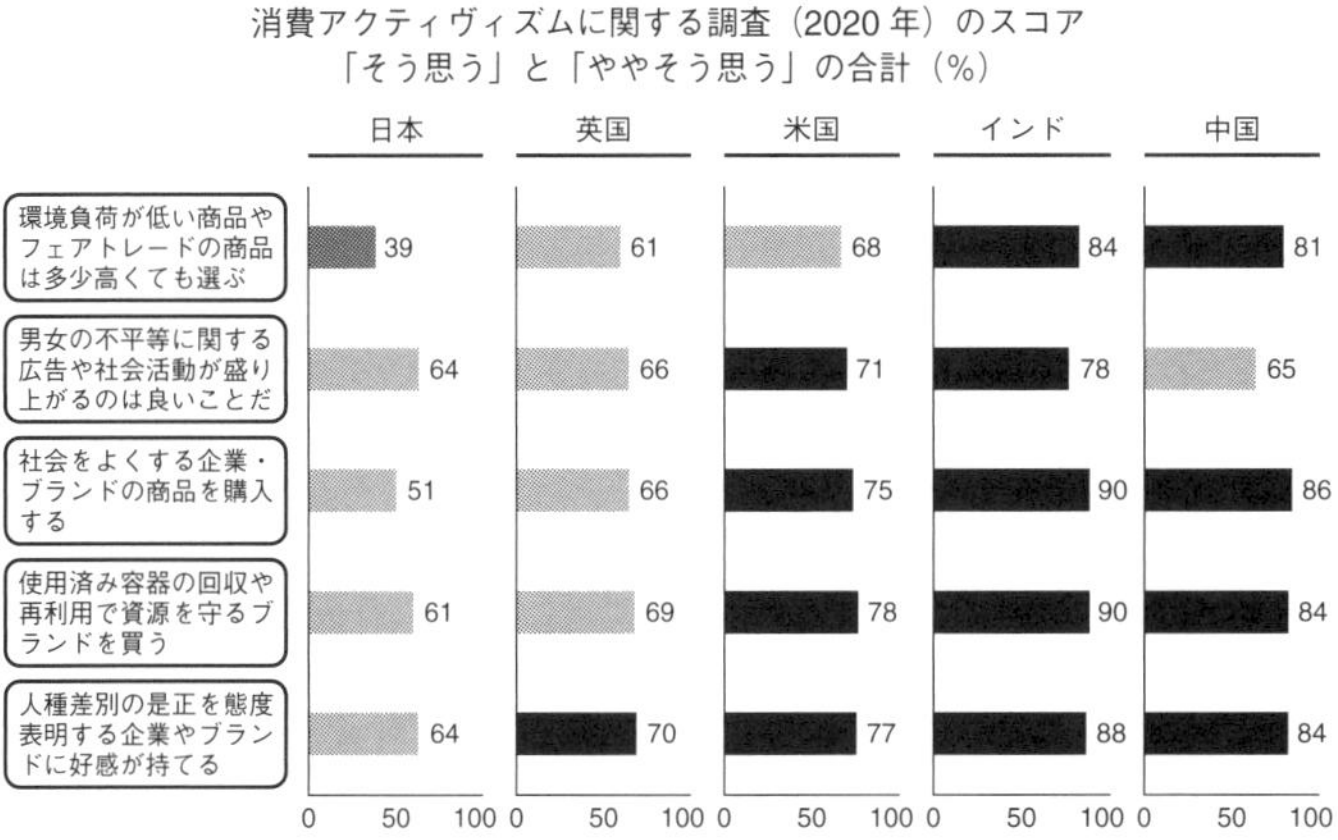

出所：電通による「ソーシャルグッド意識調査（日本、イギリス、アメリカ、中国、インド編）」（2020年実施）より

です。

日本は英国や米国といった先進国はおろか、インドや中国といった新興国と比較しても、消費アクティヴィズムが浸透していないことがよくわかります。特にひどいのが「環境負荷が低い商品やフェアトレードの商品は多少高くても選ぶ」という項目で、他国が60%から80%程度のスコアを記録している中で、日本のスコアは39%となっています。

　このような調査結果は、よく企業に「だから環境に配慮した商品は日本では売れない」という言い訳に使われがちですが、私に言わせれば、それは真逆であって、むしろ企業がコミュニケーション活動を通じて、消費における「選択の責任」に関して訴えてこなかった結果が、この状況を招いているのではと問いたくなりますが、ここで他者を批判しても仕方がありません。私たちは、とにかく「いま、ここ」からできることをやっていきましょう。

商品を購入するとき、それがどのような来歴で作られたものなのかについて意識してみましょう。商品やサービスを購入するとき、提供している企業を調べて、表明しているバリューやパーパスが自分の支持する価値観と一致しているかを確認してみましょう。実際に商品やサービスを利用したら、クリティカルで建設的なフィードバックを公開し、共有しましょう。良質なフィードバックは、企業が商品やサービスの問題点を確認するのに役立ち、また何よりも、他の市民が自分の選択により意識的になるきっかけとなります。

4. クリティカル・ビジネスへの関与

商品やサービスの購入からさらに踏み込んで、共感するアジェンダを掲げるクリティカル・ビジネスのイニシアチブに出会ったら、できる範囲で関与してみましょう。別に本業を投げ捨ててフルコミットする必要はありません。

環境条件はこれ以上ないほどに整ってきていますから、関わり方のレベルは創意工夫次第で如何様にもなります。現在、新型コロナの影響でリモートワークが全世界的に浸透・普及した結果、多くの企業が兼業・副業を認めるようになっています。現在の日本では、およそ7〜8割の企業が、何らかの形での兼業・副業を認めています[11]。

ちなみに、このような話をすると「うちは古い体質の会社でいまだに兼業・副業は禁止なんです」と言う人がいるのですが、そもそも大前提として、会社は社員の兼業・副業を禁止することはできません。就業規則に定められた時間以外の時間をどのように使うかを会社は規定できないからです[12]。クリティカル・ビジネスに何らかの形で関わりたいけど、

(11) https://www.keidanren.or.jp/journal/times/2022/1027_04.html
(12) 過去には「兼業・副業を禁止する」という就業規則そのものが違法とされた事例もある。たとえば「マンナ運輸事件」など。

会社が兼業・副業を許してくれない、という人は一度、人事ときちんと条件について話し合ってみたらいいと思います。

ということで、話を元に戻しましょう。さて、兼業・副業が認められるようになると何が良いのでしょうか？「個人がキャリアのポートフォリオを持てるようになる」というのが最大の美点です。企業が、リスクの性質の異なる複数の事業をポートフォリオとして保有することで、リスクとリターンのバランスを最適化するのと同じように、個人もまた、複数のキャリアを同時並行で歩むことで、リスクとリターンのバランスを最適化できるようになるのです。

特に今後、増加するであろうと思われるのが、多少は退屈であっても、安定的に収入が得られる仕事を本業としてやりながら、強く共感できるクリティカル・ビジネスのイニシアチブにも何らかの形で関与する、という働き方です。

本業とは別にクリティカル・ビジネスのイニシアチブに関与することは、次の四つのメリットをもたらします。

一つ目が「意味的価値の充足」です。

すでに指摘した通り、現在の日本ではエンゲージメントの水準が地を這うレベルまで低下しています。つまり「働く意味」を得ることが非常に難しくなっているということです。

本業を持ちながら、共感できるクリティカル・ビジネスのイニシアチブに何らかの形で関与することで、自分の人生の「意味的価値」を大きく補填することが可能になります。

二つ目が「キャリアリスクの分散」です。

21世紀に入ってから「事業の寿命」はますます短縮化する傾向にあります。このような時代において、一つのキャリアに人生を依存してしまうことは高いリスクを孕むことになります。本業とは別に、クリティカル・ビジネスのイニシアチブに関与することで、リスク・リターンのバランスを最適化することができます。これは、先述した「キャリアのバーベル戦略」に該当します。あらためて確認すれば、キャリアのバーベル戦略とは、リスクとリターンの性質の大きく異なる仕事を複数持つということですが、クリティカル・ビジネスに関与するフォロワーにもこのアプローチは有効です。

三つ目が「学習の加速」です。

本業以外に複数の仕事を持つことによって、学習を加速させることができます。近年は多くの企業で上位の階層がだぶついており、「経験価値のデフレ」が起きています。本業を持ちながらクリティカル・ビジネスのイニシアチブに関与することで、単位時間あたりの経験密度を高め、学習を加速させることができます。

四つ目が「社会関係資本の拡充」です。

本業以外にクリティカル・ビジネスのイニシアチブに関与することで、人脈・評判・信用といった社会関係資本を拡充することができます。特に重要なのが、この社会関係資本が「本業として勤めている企業の外側」にできることです。本業として勤めている企業の外側に社会関係資本ができることで、本業にロックインされる度合いが低減し、将来のキャリアにおける選択肢の価値＝オプションバリューを高めることができます。

5. 資金提供と投資

共感できるアジェンダを掲げるクリティカル・ビジネスに出会ったら、個人投資家として関わる可能性についても考えてみましょう。資金は、クリティカル・ビジネスが持続可能な運営を続け、社会的影響を拡大するために不可欠です。個人投資家として、これらの企業やプロジェクトに資金を提供することは、その成長と成功を支える重要な役割を果たします。

クリティカル・ビジネスのイニシアチブに対して、資金提供者として関わるアプローチには大きく二つのやり方があります。

一つ目のアプローチは、クラウドファンディングのスキームです。クラウドファンディングは、多くの人々から資金を集めることで、プロジェクトやビジネス、製品の開発などを支援する仕組みです。インターネットを利用して広範囲にわたる支援者＝バッカーを募り、少額からでも資金提供が可能なため、多くのアイデアやプロジェクトが資金調達を実現できます。

世界の海からプラスチック廃棄物を除去することを目指す取り組み、オーシャン・クリーンアップをはじめ、これまでに多くのクリティカル・ビジネスがクラウドファンディングの仕組みを用いてイニシアチブの立ち上げに成功しています。

共感できるアジェンダを掲げるクリティカル・ビジネスに出会ったら、イニシアチブを支援するクラウドファンディングのキャンペーンを立ち上げてみましょう。

さて、クリティカル・ビジネスのイニシアチブに資金提供者として関わるための二つ目のアプローチが、インパクト投資です。これは、共感できるアジェンダを掲げる企業の株式に直接投資するか、あるいはそれらの企業の株式が組み込まれたファンドへの投資によって関与するというアプローチです。インパクト投資では、財務的リターンと同様以上に社会的リターンを追求します。

特にインパクト投資において重要なのは、株主としてクリティカル・ビジネスの運営に直接的な影響を与えることができる、という点です。シカゴ大学ブース経営大学院教授のルイジ・ジンガレス教授による研究によって、社会や環境への問題意識が高い投資家が、経営陣の判断にポジティブな影響を与え、企業がより大きな社会的貢献を果たすように方向転換させていることが明らかになった、ということはすで共有しました。

ジンガレス教授は、この研究において、ステークホルダーが企業に対して圧力をかける戦略を、

離脱の戦略＝株の売却などによって、組織から離脱することで影響を与える戦略
発言の戦略＝株主として発言し、組織運営に積極的に関わろうとする戦略

という二種類にモデル化して比較し、より大きな社会的インパクトを生むためには「離脱の戦略」よりも「発言の戦略」の方がずっと効果的だということを明らかにしています。つまり私たちは、株主という立場からクリティカル・ビジネスに積極的に関与することで、社会的インパクトの創出に貢献できる、ということです。

6. 教育と学習

クリティカル・ビジネスが生まれ、成長できるかどうかは、その社会の人たちが持っている「公共性への関心」「未来の他者への関心」の水準にかかっているという指摘はすでにしました。したがって、クリティカル・ビジネスのアジェンダとなるような社会問題の存在に関する教育と学習は、クリティカル・ビジネスの発生と成長にとって非常に重要な論点となります。以下に、いくつかの具体的なアプローチについて説明します。

書籍や専門誌の閲読

クリティカル・ビジネスに関連する書籍やレポートを読んでみましょう。世界で起きている問題について、あるいはクリティカル・ビジネスの事例について、あるいは市民運動の成功法則について、本から学べることはたくさんあります。一助として、本書の巻末にブックガイドを掲載しているので参考にしてもらえればと思います。

クリティカル・ビジネスに関連する講座やワークショップへの参加

ビジネススクールや大学等の教育機関が実施するクリティカル・ビジネスに関連する講座やワークショップは数多く実施されています。特に近年は、オンラインでの参加が可能なものも増えていますから遠隔地からも積極的に参加してみましょう。

カンファレンスやツアーへの参加

クリティカル・ビジネスを実践するアクティヴィストとの対話を行うカンファレンスやツアーに参加してみましょう。本書執筆のきっかけが、欧州のクリティカル・ビジネスのアクティヴィストたちと対話するためのツアーであったことはすでに記しました。

クリティカル・ビジネスを実践するアクティヴィストたちの思考や行動の様式に直接触れることで大きな刺激を得ることができるでしょう。

ケーススタディや成功事例の共有

クリティカル・ビジネスに関心を持つ仲間を集め、各自が個別に集めたケーススタディや成功事例を共有する勉強会を開催してみましょう。可能であればクリティカル・ビジネスを実践するアクティヴィストを招聘して対話することを考えてみてもいいでしょう。

さらには、このような取り組みを通じてクリティカル・ビジネスのアジェンダやアクティヴィストの思考・行動様式についての理解が深まったならば、機会を見つけて「学ぶ側」から「教える側」に挑戦してみましょう。

たとえばソーシャルメディアやブログを通じて自身の研究や考察の内容を公表してみるのも良いでしょう。あるいは自身の研究や考察を共有するワークショップを開催したり、企業の研修や教育機関で話す機会を持ってみたりしても良いでしょう。教える機会を自分でつくることで、それまでに学んだことをさらに深く理解することにもなります。

学び、教えることを通じて世界と未来に目を向けましょう。すでに述べたように、クリティカル・ビジネスの基底には「遠くの他者」「未来の他者」への共感があります。私たちは知らない問題やイニシアチブについては心を働かせることができません。だから学び続けましょう。フランシス・ベーコンの言った通り「知は力」なのですから。

7. ネットワーキングとコミュニティ

社会運動のモーメンタムは、それまで「点」に過ぎなかった問題意識を持った個人がつながって「線」となり、その線が交わって「ネットワーク」となったとき、大きく前進することになります。

本書を読んでクリティカル・ビジネスに関心を持っていただいたのであれば、ぜひ同じ関心を持つ人々とつながってネットワークを作ってください。ネットワーキングとコミュニティ形成は、クリティカル・ビジネスを取り巻くエコシステムを強化し、個人や組織間の協力を促進するために不可欠です。共有の目的や価値観を持つ人々がつながることで、相乗効果が生まれ、より大きな社会的影響を実現することが可能になります。

具体的な取り組みとしては、以下のようなアプローチが考えられます。

関連団体やネットワークへの参加

クリティカル・ビジネスに関心を持つ団体やネットワークに参加し、同じ志を持つ人々との関係を築きましょう。これには、専門家の集まり、業界団体、地域コミュニティが含まれます。

イベントの企画と参加

ネットワーキングイベントやコミュニティミーティングを自ら企画・実施することで、興味を共有する人々を結びつけましょう。また、他者が主催するイベントに積極的に参加し、人脈を広げる機会を求めましょう。

メンターシップの活用

クリティカル・ビジネスの分野で経験を積んだアクティヴィストにメンターとなってもらいましょう。実践経験のあるアクティヴィストから指導を受けることで、個人の成長とプロジェクトの成功につながる貴重な洞察を得ることができるでしょう。そしてさらに、自分がメンターとなって後進の支援を行う機会も積極的に作っていきましょう。

このような取り組みを考える際、参照事例となるのが、社会起業家、政策立案者、市民社会の代表者が集まる国際的なイベント「Social Enterprise World Forum（SEWF）」です。このフォーラムは、社会的企業の分野での知識共有、ベストプラクティスの交換、およびセクター全体の連携を促進するために設立され、その目的を、社会的影響を生み出しながら経済的に持続可能な方法で事業を行う組織を支援し、促進すること、としています。

最初のＳＥＷＦは、２００８年にスコットランドのエディンバラで開催され、それ以来、世界中の様々な都市で開催されています。直近では２０２３年10月にオランダのアムステルダムで開催されました。

私自身は旅程の都合がつかず、オンラインでの参加となりましたが、クリティカル・ビジネスに関する世界クラスのコンテンツにアクセスし、ネットワーキングを行い、多様なセッションやワークショップを通じて、本書を執筆する上で貴重な洞察と知識を得ることができました。

日本社会にとっての最大のチャレンジ

さて、ここまで、社会からクリティカル・ビジネスを生み出していく上で、私たち一人一人の市民が心がけるべきこと、について述べてきました。最後に、私自身が考える、日本社会にとっての最大のチャレンジについて触れて、本書を閉じたいと思います。

それは

逸脱者によって多数派の規範がアップデートされる「開かれた社会」を築く。

ということです。

すでに説明したように、社会は多数派ではなく、むしろ少数派の主張によってこそ変革されていきます。社会の支配的価値観や規範に対して逸脱者、少数派が反旗を翻すことで、安定した環境に揺さぶりがかけられ、システムは不安定な状態に置かれます。少数派と多数派とのあいだに生まれる対立から次の安定状態が生まれ、社会は変遷していく。私がここで言っている「開かれた社会」とはそういう意味です。

もし既存の規範を全員が遵守し、誰も反抗しなければ社会は極めて安定的で秩序のあるものにはなるかもしれませんが、変化は起きず、歴史はそこで停止します。いつまでも同じ価値観が規範として強い権威を持つ社会では、犯罪は生まれないかもしれませんが創造もまた生まれません。

創造と犯罪は真逆の行為のように思えるかもしれませんが、それは社会による後付けの整理であり、両者には表裏一体の側面があります。犯罪の発生する率が最も高くなる年齢層は10代の後半ですが、これは創造性や問題解決能力の基礎となる流動性知能が最も亢進する時期でもあります。両者が一致しているのは偶然ではありません。

日本は現在の世界において「安全・快適・便利」という価値を最も高次元で実現した社会を築きましたが、その安定性の高さはまた「わずかな逸脱をも許容できない」という大きなコストを生み出しています。ここに日本が向き合わなければならない大きなパラドックスがあります。

逸脱に不寛容な日本

逸脱が許容できない社会とはどのようなものなのでしょうか？　社会学者のエミール・デュルケームは『社会学的方法の規準』において次のような趣旨の指摘をしています。

犯罪は不本意ではあるが、社会の健全さを証すバロメーターでもある。逸脱の程度を減らそうとする集団の意識が強くなればなるほど、逸脱に関する集団意識は敏感になり、気難しい社会となる。他の社会であれば大きな逸脱に対してしか現れないような激しい反発が、小さな逸脱に対してさえも起きる。

デュルケームの言う通り、逸脱した個人を許容できない社会では、犯罪は抑止されることになりますが、創造もまた停滞することになります。少数派の逸脱者によって多数派の規範がアップデートされることで社会が変化するのであれば、私たちは逸脱者に対して寛容でなければならない、ということになります。しかし、過去の事例を見る限り、日本では逸脱者に大きな社会的制裁が加えられることが少なくありません。

日本映画で初めてヴェネチア国際映画祭で金獅子賞を受賞した黒澤明監督の「羅生門」は日本映画界から散々にこき下ろされ、太平洋をヨットで単独無寄港横断した堀江謙一は「ビザをとっていなかった」という理由で日本のマスコミから総攻撃を受けました。海外の指揮者コンクールで優勝してバーンスタインとカラヤンの指導を受けて帰国した小澤征爾の国内での演奏会はＮＨＫ交響楽団によるボイコットで潰され、メジャーリーグに挑戦しようとした野茂英雄投手の挑戦には多くの野球評論家から「通用するはずがない」「メジャーを甘く見るな」と罵詈雑言が浴びせられました。まさにデュルケームの言う通り「他の社会であれば大きな逸脱に対してしか現れないような激しい反発」があらゆる逸脱に対して起きるのが私たち日本の社会なのです。

秩序と逸脱の二項対立を超える

逸脱とリーダーシップには不可分なところがあります。リーダーシップの語源は言うまでもなく「Lead＝導く」ですが、この言葉はもともと「Leith」というインド・ヨーロッパ語族の言葉を源にしており、その意味は「境界線を越える」ということです。単に導くだけでなく、過去の規範や慣習や定石などの「一線を越える」ことにこそリーダーシップの本質があるのであるとすれば、逸脱を許容しない社会からはリーダーもまた生まれないということになります。

では私たちはこれから、発展と秩序のどちらを重んじるべきなのでしょうか？　英国の環境アクティヴィストのジェレミー・ウィリアムズは「日本　世界最初のポスト成長経済」と題する2011年の論考の中で次のように述べています。

それでもなお、明かりは灯っており、全てはうまくいっている。識字率は高く、犯罪率は低い。平均寿命は世界のどの国よりも長い。電車は秒単位で正確に走り、失業率はたったの5%しかなく、格差の小ささは羨ましいほどだ。実際のところ、日本は、高い水準の生活をかなえるために経済成長は必要ではないということを示す生き証人なのだ。

逸脱を許容しない日本には確かにクリティカル・ビジネスが育ちにくい土壌があるかもしれません。しかしその土壌はまた、自他ともに認める日本の「安全・快適・秩序」という美点もまた生み出しているのです。

このトレードオフは止揚できるのでしょうか？「安定していて秩序が保たれているけれども、何の逸脱も認められず、変化が起きない社会」と「不安定で秩序が乱れているけれども、逸脱が認められ、次々と変化が起きる社会」のどちらが良いか？と問われれば、私の答えは一つしかありません。「どっちも嫌だ」です。

私たちの社会が、以前から有している、そしてますますこれから国外の人に高く評価されるであろう、安全で快適で秩序が保たれている、という素晴らしい美点を維持しながら、逸脱者によって規範がアップデートされるような「開かれた社会」を作り出せるか？

このトレードオフを「秩序＝ノモス」と「混乱＝カオス」という二項対立の調停として収めることはできません。ではどうすればいいのでしょう？　答えは両者を止揚する第三の項目、「調和＝コスモス」しかありません。「創造と破壊」と「逸脱と秩序」が同時に成立してバランスをとっている動的平衡の状態を社会に生み出していくこと、これが私たちに求められている最大のチャレンジなのだと思います。

おわりに

いまからちょうど半世紀前の1973年1月23日、アイスランド沖のヴェストマン諸島に属するヘイマエイ島で突然に火山の噴火が起きました。幸いにして島の住民のほとんどは無事に救出されましたが、その後、噴火は5カ月の長きにわたって続き、島民の3分の1が家屋を失うことになります。この「3分の1」という数字がポイントです。

島民の「3分の1」が家屋を失ったということは、逆に言えば島民の「3分の2」の家屋は残った、ということです。溶岩流にのみ込まれる、あるいは火山礫や火山灰に埋もれるなどして失われた家屋を再建するには、言うまでもなく莫大な費用がかかります。不幸にも家屋を失った人々は別の住居を再建することを余儀なくされたのです。

溶岩流に家屋がのみ込まれたり、火山礫に家屋が破壊されたりするのは純粋に確率の問題です。これはつまり、この噴火によって家を失った「3分の1」の人と、家を失わずにすんだ「3分の2」の人とのあいだに何らかの能力的・資質的な違いがあったわけではなく、ただ単に「運の良し悪し」という違いしかなかった、ということです。

最終的に、家を失った人には政府から補助金が支給され、それで島の別の場所に家を建ててもいいし、どこか別の場所に移住しても良いとされました。ヘイマエイ島は長らく漁業で栄えた島です。家屋を失った島民のほとんどは先祖代々、長らく家業として漁業を営んできた家に生まれ、本人もまた漁業者として人生を送ることを当たり前の前提として噴火の直前まで生きていました。

そんな彼らが「噴火によって家を失う」という契機によって、「自分はこの先、どう生きるのか」という問いに向き合わざるを得なくなったのです。そして最終的に、噴火によって家屋を失った人の42%が、島を出て、漁業という先祖伝来の仕事を捨て、別の人生を生きることを決断しました。

さて、興味深いのはここからです。アイスランドは非常に小さな国ですが住民の統計が極めて正確に記録されており、納税その他の記録を使うことで、このときヘイマエイ島に居住していた人々が、その後、どのような人生を送ったかを精密にトレースすることができます。

このように「不幸な契機」によって家を失い、島を出ることを決断した人々の人生はその後、どうなったのか？　ある研究者が疑問に思って調べたところ、これらの人々、つまり不運にも家を失って仕方なく島から出ることを決断した人々の生涯収入は、島に残った人々のそれを大幅に上回っていた、ということが明らかになりました。

要因の仮説は様々に立てることができます。たとえば島を出たことで大学進学の確率が上がったのではないか、あるいは漁師以上に適性のある仕事を見つけられたのではないか等々。しかし、どれもこれもすべて、噴火という「短期的には不幸な契機」によって、「この後、自分はどのようにして生きていくのか」という問いにしっかりと向き合わざるを得なくなった、という唯一の根本原因によっているのです。彼らのほとんどは、噴火によって家を失うということがなければ、島に住み続け、彼らの先祖と同じように漁師としての人生を全うして一生を終えていたでしょう。

そしてさらに、この研究が明らかにした別の興味深い点があります。それは、幸運なことに噴火によって「家を失わなかった人」の27%も、補助金をもらわずに島を出るという決断をし、そしてこの人々も、島に残った人々に比べて最終的にはより豊かな人生を送った、ということです。

この人たちがなぜ、家を失わないまま、先祖伝来の職業を捨て、島を出て新しい世界で生きるという、大きなリスクを背負う決断をしたのか、それはわかりません。おそらく本人にも答えられないでしょう。ただ、確実に言えることは、噴火というきっかけによって彼らが「この先、自分はどのようにして生きていくのか、これまでの人生を続けて、それでいいのだろうか」という問いにしっかりと向き合い、おそらくほとんどのケースは直感的に「それは違う」という判断を下した、ということです。

社会経済学者の世界ではよく知られるこのケースは、アフターコロナをどう生きていくのかを考えなければならない現在の私たちに、深い示唆を与えてくれると思います。

私たちがここ数年のあいだ直面した新型コロナウイルスによる危機は、ヘイマエイ島の噴火と同じく、短期的には不幸なインシデントでしかありません。そしてヘイマエイ島の住民と同じく、インシデントがもたらす「負のインパクト」は人によって大きな差があります。

隣同士の家の片方が火山礫によって粉々に砕かれた一方で、もう片方は傷ひとつない、といったことが起きたのと同じように、コロナによってある企業は破綻に追い込まれた一方で、ある企業は逆に売上や利益が改善するということが世界中で起きています。

急速に進行する予測不可能なパニックによる影響ですから、両者を分かつのは経営力でも現場力でもない、つまるところ「運」としか言いようがないものでしょう。そして、それぞれの内部にいる人々は、いままさに「運が悪かった」あるいは「運が良かった」と一喜一憂し、そして一刻も早く、ふたたび穏やかな「日常」が回復することを望んでいます。

しかし、私たちは本当に「かつての日常の完全な回復」などを望んでいるのでしょうか。私たちの社会、あるいは私たち一人一人の人生に、何の問題もないと自信を持って答えられる人はこの世界に一人もいないでしょう。であれば私たちは、まさにヘイマエイ島から出るという決断を下した人々が、噴火後に「自分はこれからどう生きていくのだろうか」と考えたのと同じように、「これからどのような社会を築いていくのか、これからどのようにして生きていくのか」という問いに向き合わなければならないのではないでしょうか。

このカオスに怖気付いてひたすらに「日常性の回復」を求めるか、このカオスに乗じて人生の再設計を図るかは最終的に皆さん次第です。ただし、ここで「リスクの持つ別の側面」にも触れておきたいと思います。

世界的なベストセラーとなった『ブラック・スワン』の著者でリスク研究者でもあるナシーム・ニコラス・タレブは、外乱やストレスによってパフォーマンスがむしろ上昇する性質のことを「反脆弱性」と名づけ、遺伝子や生態系など、極めて長い期間にわたって持続するシステムが「反脆弱」なのに対して、あれほど巨大な存在感を放ちながら呆気なく消滅してしまったリーマン・ブラザーズやエンロンのような巨大企業を「一見頑丈に見える脆弱なシステム」と指摘しています。

この「頑丈」と「反脆弱」という対比の構造は、現在の社会・組織・人を深く把握する洞察を与えてくれると思います。言うまでもなく、ヘイマエイ島で起きたことは「反脆弱」な現象の典型です。何といっても、火山の噴火による家屋の破壊という、人命の損失を除けばこれ以上の不幸はない、というほどのカオスに襲われた人々のパフォーマンスが長期的に大幅に上昇しているのです。後から振り返れば、新型コロナによるパンデミックもまた「反脆弱なシステム」と「頑丈に見えたが実は脆弱だったシステム」とを振り分ける契機になったと思うことになるでしょう。

私たちの多くは「これまでの人生が、これからの人生を決める」と考えてしまいがちです。それは「過去は変えられない、変えられるのは未来だけだ」という先入観に基づいているわけですが、しかし、本当にそうでしょうか。

ヘイマエイ島の人々にとって「火山の噴火」というのは「変えられない過去」です。しかし、その意味合いは、噴火後も島に残った人と、噴火後に島を出た人とで、大きく変わっています。噴火後も島に残った人にとって、噴火は単に忌まわしい出来事でしかないでしょう。しかし、噴火後に島を出た人にとって、噴火は、自分の人生が持っている豊かな可能性に気づかせてくれたきっかけという意味も持っているでしょう。

彼らが抱く「噴火の意味」の違いは、「噴火前の人生」によってではなく「噴火後の人生」の生き方によって生まれています。つまり「未来によって過去が変わった」ということとです。「過去」は「これからをどのように生きるか」次第でいくらでも変えられる、ということです。

漁師になるという将来以外について考えたこともなかったヘイマエイ島の人々にとって「島を出る」という決断はとても大きなものだったはずです。何といっても、彼らの多くにはこれといった将来の目論見も頼れる就職先もなかったのですから。しかし、そのような彼らが結果的に島に残留することを選んだ人たちよりも豊かな人生を歩んだという事実は、私たちに「未知に身を投げ出していくこと」「より開かれた機会に自分を投げ出していくこと」の大事さを示しているように思います。

アクティヴィストのためのブックガイド

1. 『Post-Growth Living』(未邦訳) ケイト・ソパー

著者のケイト・ソパーはイギリスの哲学者。彼女は、本書において「経済成長が止まった後の世界」において、どのように「豊かな生」がありうるかについて考察しています。本書ですでに紹介した、イヴァン・イリイチの言葉「歓びに充ちた節制と解放する禁欲(= joyful sobriety and liberating austerity)」について深く考えてみるためのガイドになるでしょう。

2. 『草の根活動家のためのパタゴニアのツール会議』 ノラ・ギャラガー他

パタゴニアが世界中の環境保護アクティヴィストを集めて開催するタイトルと同名の会議において、これまでなされた基調講演の収録や環境保護活動に関する成功事例の報告。社会運動の側面を強く持つクリティカル・ビジネスの実践において、経験豊かな環境保護アクティヴィストたちの提言は豊かな洞察を与えてくれるでしょう。

3.『GROW THE PIE　パーパスと利益の二項対立を超えて、持続可能な経済を実現する』　アレックス・エドマンズ

企業が社会全体の「利益の総量＝パイ」を成長させることによって、株主だけでなく、従業員、顧客、そして社会全体に利益をもたらすことができるというのが本書の趣旨。企業が長期的な視点を持ち、持続可能性や社会的影響を重視することで、最終的にはその企業自体の価値を高めるという視点を提供し、これを実証するために様々な研究結果を紹介しています。

4.『市民的抵抗』　エリカ・チェノウェス

著者のエリカ・チェノウェスは市民的抵抗の研究者。市民的抵抗の実践では、非暴力的手段が、暴力的手段よりも成功率が高いことを科学的データに基づいて説明し、効果的な市民運動の戦略と原則を提供しています。非暴力抵抗の原則と戦略を学ぶことで、クリティカル・ビジネスの実践者は、社会的・政治的変革を推進するにあ

たって、何が効果的で、何が効果的でないかを学ぶことができます。

5.『社会変革のためのシステム思考 実践ガイド』 デイヴィッド・ピーター・ストロー

複雑な因果関係を持つ社会問題を解決するための手法としてのシステム思考を紹介しています。これまで解決の難しかった社会的な課題にアドレスし、広範囲のステークホルダーを巻き込むことを目指すクリティカル・ビジネスの実践において、システム思考はアクティヴィストに必須な素養です。

6.『新社会観』 ロバアト・オウエン

著者のオウエンは資本主義の黎明期に活躍した資本家・経営者・社会活動家。オウエンは本書において、労働条件の改善、教育へのアクセスの拡大、そして協同組合の設立を通じて、より公正で平等な社会を実現する方法を提案しています。オウエンの社会改革へのアプローチは、今日のビジネスにおいても、労働環境の改善や社会的公正を目指す企業の役割を再考するきっかけを与えてくれると思います。

7.『世界を変えるビジネス』 マーク・ベニオフ他

ビジネスが持つ力を利用して社会問題に積極的に取り組む方法、企業文化の再定義、および利益追求と社会的責任のバランスを取る方法について解説。セールスフォースの創業者であるマーク・ベニオフ他の実践的なアプローチは、利益と社会的影響の両方を追求するクリティカル・ビジネスのリーダーに実践への実用的な指針を提供してくれます。

8. **『貧乏人の経済学』** アビジット・V・バナジー他

著者のバナジーとデュフロはMITの経済学者で2019年のノーベル経済学賞の受賞者。二人は、本書において、貧困を単なる所得の不足と見るのではなく、教育、健康、金融アクセスなど複数の要因を組み合わせて分析し、実証的な研究を通じて貧困削減のための効果的な政策を提案しています。バナジーが貧困や社会的不平等などの問題に対して示す、データに基づいた分析と具体的な解決策は、社会的責任を重視するクリティカル・ビジネスにとって重要な指針となります

9. **『多文化世界』** ヘールト・ホフステード

著者のホフステードはオランダの心理学者。本書は、第三章で考察した「権力の格

差」ほか、それぞれの社会における文化的次元（権力格差、個人主義対集団主義、男性性対女性性、不確実性回避性向等）について解説しています。私たちの文化を取り巻いている「当たり前の空気」が、いかに当たり前でない特殊なものなのか、がよくわかります。

10.『誰が世界を変えるのか　ソーシャルイノベーションはここから始まる』フランシス・ウェスリー他

具体的な事例と理論を交えながら、ソーシャル・イノベーションのプロセスと実践について解説しています。社会的課題に取り組みたいと考える経営者や起業家、活動家にとって実践的なガイドとなるでしょう。

11.『道徳感情論』アダム・スミス

人間には他者に同情したり共感したりする感情的能力があること、そしてこの二つの感情が人間の道徳判断の基盤であるという考えを述べています。共感を主要な資源として展開されるクリティカル・ビジネスの実践にあたって、共感について様々に考える視点を提供してくれるでしょう。アダム・スミスといえば『国富論』が有名ですが、本人が自身の代表作と考えていたのはむしろこちらだったようです。

12.『生きのびるためのデザイン』　ヴィクター・パパネック

著者のヴィクター・パパネックは米国のインダストリアル・デザイナー。本書において、デザインの社会的・環境的責任について非常にクリティカルな批判を展開しています。パパネックのクリティカルな考察に触れることで、私たちが日常的にやっているマーケティングやデザインといった営みが原理的にはらんでいる原罪性について意識的になることができるでしょう。

13.『21世紀の資本』　トマ・ピケティ

ピケティはフランスの経済学者。経済成長の停滞した社会では資本収益率が経済成長率を上回るため、所得・資産と不平等はどんどん拡大していく、と論じています。ピケティが示す経済の問題に関する深い洞察が、ビジネスにおける社会的責任と持続可能性の問題に対する理解を深めるために役立つでしょう。

14.『人間主義的経営』　ブルネロ・クチネリ

ブルネロ・クチネリ自身が、経営を中心に、社会や経済に関する哲学を説明しています。クリティカル・ビジネスを実践するにあたって、多様なステークホルダーに目を配りながら、全体としてのサステナビリティを重視するブルネロ・クチネリの経営に関する哲学を知ることは、自身のビジネスに対する哲学を考察する上で大いに参考になるでしょう。

15.『ネクスト・マーケット』C・K・プラハラード他

プラハラードは米国で最も影響力のある戦略思想家。同書は、これまで魅力的な市場とは考えられていなかった途上国や最貧国への先入観を改めることで、新たなビジネスの可能性が生まれることを提案しています。特に事例が豊富なのが本書の特徴で、社会的課題をビジネスの機会と捉える新しい視点を提供してくれます。

16.『離脱・発言・忠誠』アルバート・O・ハーシュマン

組織や社会における不満足な状況に直面した際、個人が取り得る三つの選択肢「離脱＝Exit」「発言＝Voice」「忠誠＝Loyalty」に整理して分析しています。本書を精読することで、クリティカル・ビジネスへの参加者や支持者の行動を理解し、適切に対応するための洞察、特に社会運動の組織化における「発言＝Voice」の有効性を理解させてくれます。

17．『反抗的人間』 アルベール・カミュ

人間の反抗の本質とその社会的・哲学的意義について深く掘り下げ、反抗は人間の存在を肯定する行為であり、不条理に対する抵抗を通じて自由と正義を追求するプロセスだと論じています。カミュが提示する反抗の概念は、ビジネスにおける社会的・倫理的課題への取り組みにも適用可能です。クリティカル・ビジネスの実践において、なぜ反抗的であることが重要なのか、についての洞察を与えてくれます。

18．『反脆弱性』 ナシーム・ニコラス・タレブ

不確実性や混乱によって、かえって強くなる性質＝「反脆弱性」を、経済、政治、医療、個人、企業などの多岐にわたる分野に適用して考察しています。宿命的に高い不確実性を孕むクリティカル・ビジネスの実践において、逆境や不確実性を乗り越え、それをポジティブな機会に変えるための洞察が得られるでしょう。

19.『B Corpハンドブック』 ライアン・ハニーマン他
パタゴニアやザ・ボディショップなど、多くのクリティカル・ビジネス企業が取得したB Corp認証に関するガイドブックです。B Corpが認証にあたってどのような評価視点を持っているかを理解することで、自分のビジネスを客観的に見つめるためのクリティカルな視点を養うことができます。

20.『非暴力を実践するために』 ジーン・シャープ
ジーン・シャープは米国の政治学者。彼の著書は独裁体制を転覆するための民主化運動のアクティヴィストのバイブルでした。この本は、社会変革活動における非暴力抵抗の方法論と戦略について詳述しています。シャープの非暴力の原則と戦略を理解し、取り入れることで、クリティカル・ビジネスをより効果的に、そして平和的に実践することが可能になります。

21.『プロテストってなに？ 世界を変えたさまざまな社会運動』 アリス・ハワース＝ブース他
歴史を通じて起こった重要な社会運動について、それらの運動の背景、目的、手法、そして達成した成果を紹介しています。変革を成し遂げた過去の社会運動の成功事例、特にその文脈にフィットした創造性に触れることで、現代における社会運動に応用するための洞察が得られます。

22.『文化的進化論』 ロナルド・イングルハート

著者のイングルハートは社会学者。本書では、ここ40年で起きた世界規模での価値観と文化的態度の変化について説明しています。現在の世界で全地球的規模で進行している物質的価値観から脱物質的価値観への大規模なシフトについて洞察を得ることができます。

23.『BODY AND SOUL』 アニータ・ロディック

ザ・ボディショップの創設者であるアニータ・ロディックによる自伝です。アニータ・ロディックがどのような状況で、どのように考え、どのように行動したかを知ることで、クリティカル・ビジネスを実践する上での思考・行動様式を知ることができます。

24.『ユートピアだより』 ウィリアム・モリス

19世紀に勃興した産業社会の危険性を最も早期に洞察した一人がデザイナー兼社会思想家のウィリアム・モリスでした。本書は、モリスの理想と希望を反映した「働く喜び」と「自然の美」に溢れる22世紀の人間の生活を描く一種のSF小説です。現在の私たちが生きている社会に対して「なぜ、こうなっているのか?」と問うための様々な視点を提供してくれます。

著者紹介

山口周（やまぐち・しゅう）

1970年東京都生まれ。独立研究者、著作家、パブリックスピーカー。ライプニッツ代表。慶應義塾大学文学部哲学科、同大学院文学研究科美学美術史学専攻修士課程修了。電通、ボストンコンサルティンググループ等で戦略策定、文化政策、組織開発などに従事。『世界のエリートはなぜ「美意識」を鍛えるのか？（光文社新書）』でビジネス書大賞2018準大賞、HRアワード2018最優秀賞（書籍部門）を受賞。その他の著書に、『劣化するオッサン社会の処方箋』『世界で最もイノベーティブな組織の作り方』『外資系コンサルの知的生産術』『グーグルに勝つ広告モデル』（岡本一郎名義）（以上、光文社新書）、『外資系コンサルのスライド作成術』（東洋経済新報社）、『知的戦闘力を高める独学の技法』『ニュータイプの時代』（ともにダイヤモンド社）、『武器になる哲学』（KADOKAWA）、『自由になるための技術 リベラルアーツ』（講談社）、『ビジネスの未来』（小社刊）など多数。神奈川県葉山町に在住。

クリティカル・ビジネス・パラダイム
社会運動とビジネスの交わるところ

2024年4月29日　第一刷発行

著者　山口 周
発行者　鈴木勝彦
発行所　株式会社プレジデント社
〒102-8641東京都千代田区平河町2-16-1
平河町森タワー13階
https://www.president.co.jp/　https://presidentstore.jp/
電話　編集（03）3237-3732
販売（03）3237-3731

編集　渡邉 崇
販売　桂木栄一　高橋 徹　川井田美景　森田 巌　末吉秀樹
装丁　秦 浩司
制作　関 結香
印刷・製本　中央精版印刷株式会社

ISBN978-4-8334-2535-3
Printed in Japan